DELPHINE HORVILLEUR

死者と生きる

デルフィーヌ・オルヴィルール

臼井美子 訳

VIVRE AVEC NOS MORTS

早川書房

死者と生きる

VIVRE AVEC NOS MORTS
Petit traité de consolation
by
Delphine Horvilleur

Translated by
Yoshiko Usui
First published 2022 in Japan by
Hayakawa Publishing, Inc.
This book is published in Japan by
direct arrangement with
Les Éditions Grasset & Fasquelle.

装幀／名久井直子

祖父、ナタン・オルヴィルールの思い出に
そして、常にわたしを人生に立ち戻らせてくれる
サミュエル、エラ、アルマに

「私は、いのちと死、祝福とのろいを、あなたの前に置く。あなたはいのちを選びなさい」

『申命記』30章19節

「生とは死を活用できる機能の総体である」

アンリ・アトラン

「実際、死が存在しないならば、生はその喜劇的な性格を失うだろう」

ロマン・ガリー

目次

訳者による注は〔　〕で示した。

アズラエル

手のなかの生と死

墓地で葬儀が始まる直前に携帯電話が鳴る。

電話に出ると、わたしは言う。「ごめんなさい、今、話せないの。葬儀が終わったらすぐにかけなおすから……」

こんなことが何度もあったため、わたしはとうとう友人たちにからかわれるようになってしまった。電話をかけてくると、友人たちはたびたび「今日は誰が亡くなったの？　墓地の様子はどう？」とたずねてくるのだ。人々がほとんど行くことのないこの場所に頻繁に足を運ぶわたしに、彼らはことあるごとにこんなことをきいてくる。「そんなに死のそばに近づいてだいじょうぶなの？　身内を亡くした人たちとしょっちゅう一緒にいるのは大変じゃないの？」

何年もの間、わたしはその都度思いついたことを言って、この質問をかわしてきた。「いいえ、だいじょうぶ。慣れているから」「本当にそう。きついわ。時が経っても悲しみは癒えないもの」「そうね、時と場合によるわ」「それは答えがいのある質問ね。ありがとう。考えてみる」……。

本当のことを言えば、わたしにはわからないのだ。死に近づいたり死を見送ったりしている人に、死がどのような影響を与えているのか、わたしにはわからない。死から距離を置くような生き方を選んできたとしたら、今の自分がどんな女性になっているのか、わたしには見当もつかない。そんなわたしには、自分が死から受けている影響がどのようなものなのか言うことはできない。

反対に、時とともにわかってきたことがある。わたしは悪魔祓いや強迫神経症と言われることもある儀式や習慣を取り入れてきたが、そのおかげで、とても自由な方法で自分の生活に占める死の場所を制限できているということだ。

たとえば、墓地から戻る時、わたしはまっすぐ家には帰らないと決めている。埋葬のあとにはいつもどこかに寄って、それから帰宅する。立ち寄る場所はカフェやお店など、どこでもよい。こうして象徴的に死と自宅とを隔てるものを作り、二つが交わらないようにしている。死を家にもち込むなんてまっぴらだ。なんとしても死を身体から追い払い、カフェのコーヒーカップの横やお店の試着室のなか、美術館などに置いてこなければならない。そうやって死がわたしのあとを追えないようにして、特に、わたしの家を見つけられないようにする必要がある。

ユダヤの伝承には、死が人々のあとを追ってくる話が多数ある。だが同様に、死を追い払い、人々を追ってこられないようにする方法もある。無数の伝説のなかで死は天使の姿で登場し、人々の家を訪れ、町をさまよう。

その天使には名前さえついている。死を司る天使、アズラエルというのだ。この天使は手に剣をもち、自分が死をもたらしに来た人物の周囲をうろつくのだという。この話は迷信にすぎないが、これを根拠としていっぷう変わったしきたりが生まれている。たとえば多くのユダヤ人家庭では、家族の誰かが病気になるとその人に別の名前をつける。その人を別の人間に変えて、まちがった人間を迎えに来たと死の天使に勘違いさせるためだ。たとえば、死の天使が家の戸を叩き、モシェという人を迎えに来たとしよう。そうしたら落ち着いた様子でこう言えばよい。「すみませんが、ここにはモシェなんて人はいません。ここはソロモンの家です」すると天使はばつの悪そうな顔をして、お邪魔しましたと謝ると、踵《きびす》を返して消えていく。

この計略には笑えるが、これは一つのデリケートな真実を告げている。それは、人間はある特質をもっているということだ。つまり、人間は死を遠ざけるために死との間に距離を置き、死を遮断し、物語を創ることができると考えたり、あるいは儀式や言葉によって自分にその力が与えられると信じ込んだりするという特質である。

近代化と医学、その技術的基盤は、独自の方法を発展させてきた。死の天使は今日ではわたしたちの家としっかり距離を保ち、どちらかと言えば一般の人々がいない時間を見計らって、病院や診療所、特別養護老人ホームや緩和ケアセンターなどに現れるように誘導されている。まるで、そこととは関係のない病人たちを守るかのように、自宅で亡くなる人は次第に少なくなっている。

わたしはよく――特にパリを歩いていて、古い建物の正面に「某氏逝去の家。某氏はこの家で亡くなった」という標示を見た時などに――この場所の割り当てについて考える。今日では、目の前の建物に臨終の人がいるかどうかを知ることはめったにないし、また、いつか寝室で亡くなるはずの人々のことを考えるのも注意深く避けている。死には死の専用の場所があり、わたしたちは自分の場所との境界を決め、死を撤退させようと考えている。

だが、時折、歴史は予測不可能な展開を見せ、わたしたちが何を語ってもどんな手品を使っても、人間の力には限界があることを突きつける。

二〇二〇年、死の天使はほぼ世界中に足を運んでわたしたちのもとを訪れ、全大陸の家の戸を叩こうと決めたようだった。本書執筆中の今も、死の天使がここを離れる気配はない。死が新型コロナウイルス感染症患者を襲う場所は、まだわたしたちの家から離れた病院や蘇生室であることが非常に多いのは確かだが、死には人々の暮らしに介入する絶大な力があることが示された。突然、死が身内を襲い、わたしたちの生活の領域に入り込む恐怖が、現実のものとなったのである。遠ざけたいと思う死の天使が、わたしたちの生活や社会にその居場所を作るよう要求している。この天使はわたしたちの名前や住所を知っていて、だまされることはない。

このパンデミックは葬儀や近親者の死の見送り方も一変させた。死にゆく人のそばにいるすべての人と同様に、ここ数か月、わたしも自分が経験するとは想像すらしなかった状況を目にしてきた。マスクで顔や微笑みを隠され、手袋をはめた手しか差し出すことができないまま、旅立つ病人を見舞う人々。死から守るため、お年寄りは人と接しないよう命じられ、絶望的なほど孤独な暮らしをするが、それでも死は彼らに訪れる。埋葬は参列者を制限して内輪でおこなわれ、悲しみに暮れる人々はキスをすることも手を握ることも許されない。わたしたちはそうして過ごし、あとで考えようとつぶやくしかなかった。取り返しがつかなくなってから……。

家にこもる生活の始まったばかりのある日のこと、わたしはある一家から電話を受けた。父親の棺を前にして、家族だけで墓地にいるという。葬儀に参列する友人は一人もいなかった。感染の危険にさらすわけにはいかないと、誰にも参列を頼まなかったのだ。だが、彼らはユダヤ教の祈りをまったく知らなかったため、離れた場所での立ち会いをわたしに頼んできたのである。こうしてわたしは電話に向かって祈りの言葉をささやき、彼らはそれを大声で復唱した。生まれて初めて、わたしは自宅アパートの居間から、目を合わせたこともない一家のために葬儀を執りおこなったのである。電話を切りながらわたしはつぶやいた。死と自宅とが交わらないように隔てるものなんて何もない。死はわたしたちの人生の舞台に許可なく入り込んでいた。

死はすでにわたしたちの住所を知っていて、わたしたちのなか、つまり家族や意識のなかにたくみに潜り込んでいた。というよりも、死はそこに居場所を定め、決して出ていかないということ、そして死が姿を現した時に人間にできるのは言葉や行動を選ぶことだけだということを、わたしたちに思い知らせたのだった。

言葉を見つけ、それにふさわしい行動の仕方を心得ていることが、わたしの仕事の本質をなすものだ。

数年前から、わたしの仕事についてたずねる人たちのために、わたしはその定義を探してきた。ラビであるということはどういうことなのか？　もちろん、ラビの仕事は礼拝や祭式を司宰し、人々に寄り添い、教えることだ。教典が読まれるようにするために翻訳し、新たな読者に順々に伝わるのを待っている伝統の教えの声を、すべての世代が聞けるようにすることだ。だが、何年かが経つうちに、わたしに最も近しいものとなったこの仕事には一つの名前があるように思えてきた。それは「語り手」である。

繰り返し何度も語られた物語を語るすべを知り、初めて聞く人にその人自身の物語を理解するためのまだ知られていない鍵を与えること、それがわたしの仕事である。人生の転機にあって物語を必要としている男女に寄り添うのがわたしの役割だ。祖先から伝わるこれらの物語は単にユダヤのものだけではないが、わたしはユダヤの伝統の言葉を使って話す。これらの話は異なる時代や世代をつなぎ、過去と未来の人々の懸け橋となる。わたしたちの聖なる物語は生者と死者との間に道を作る。語り手の役割は、その道に通じる門が常に確実に開かれているように、門のそばにいることだ。

こうして、場所と分離の問題がわたしたちに提起しなおされた。わたしたちは、生きている人と死とは厚い壁で完全に隔てられ、生者と死者とは交わることはないと考えたがる。だが、実際にはそうではないとしたら?

初めて死者を見たのはエルサレムで、遺体は女性のものだった。当時わたしは医学部の学生で、その学期には解剖学を学んでいた。理論の学習を終えたあと、わたしたちは解剖教室で数週間を過ごすことになっていた。学生の一人一人に学習場所、つまり科学のために献体した人の横たわる解剖台が「割り当てられて」いた。頭がくらくらするようなホルマリンのにおい、そして遺体のにおいをよく覚えている。わたしたちはその遺体の臓器や筋肉、神経を一つ一つ解剖していった。

おそらく、自分たちの心を守り、恐怖や不安から距離を置くためだろう。わたしたちはそれらを完全な人体として見ることをやめ、各部分を別々の解剖学的単位として考え、注意深く観察した。重要なのは、できるだけ冷静に、すべてが細部にわたって覚えた教科書の内容と完全に一致することを確認することだった。

ある日のこと、わたしたちは手の解剖学的構造を学び、靭帯や動脈、尺骨神経《しゃっこつ》、尺骨静脈、屈筋を識別できることを確認する予定になっていた。数日前から解剖していた女性の遺体の右腕にかかった布をもち上げた時、わたしは吐き気に襲われた。科学のために献体したその女性の指先にある、おそらく死後も伸びつづけた爪が、きれいに磨かれ、そこに洗練されたピンクのマニキュアが塗られているのが目に入ったからである。

おそらくマニキュアは死の直前に塗られたのだろう。美しくマニキュアを施されたこの手をもつ女性の命を奪うために、アズラエルが剣を手にしてその家の扉に触れた時、最後の一塗りはまだ乾く間もなかったようだ。その光景が目に浮かび、わたしの心はかき乱された。その時わたしは言語に絶する現実、異論の余地のない事実をまともに食らった気がした。だが、わたしたち医学生はその気持ちを表してはならないと考えた。解剖されるすべての人体が、それぞれ男性や女性としての人生を語っている。その人生はまちがいなく複雑で波乱に満ちたもので、深い考えからなされた行為もあれば、大したことのない行為もあり、同じ一日のうちでもその時と場合によって選択がなされ、科学に貢献することもあれば、爪にマニキュアを塗ったりすることもあったのである。

医大のその解剖室で、突然それまでと違った姿をわたしに見せたこの女性の指の上で、生と死はそっと触れ合った。その時、わたしの頭に、自明の理を述べた言葉のなかで最も有名な言葉、今まで口にされたなかで最も偉大な知恵を含んでいるように思える言葉がふと浮かんだ。それは「死の瞬間まではなお彼女は生きていた」という言葉だ。

口にするのもナンセンスなほどの自明の理であるこの言葉を人々が言うのは、死が避けられない時でさえ、命は最後の瞬間まで完全に奪われることはないことを確認するためだ。命はわたしたちの死の直前の瞬間にあってもなお重要な位置を占め、最後まで共存の方法があると病気に向かって言っているように思われる。

この共存はおそらく実際には死の定着を予期したものではなかったはずだ。わたしたちが意識しない間も、一生を通じて生と死とはずっと手を握り合い、ダンスを踊っているのだ。

このダンスはわたしが医大に通っていたその数年の間、教科書のなかに姿を現していた。心を乱されながら、わたしはそこでもまたその手と生物学の勉強に励んだ。子宮内の生命の形成の段階を学ぶ胚形成の講義では、多くの臓器と同様に、指が細胞死によって形成されることを学んだ。人間の手はまず、指と指との間に隙間のないシュロの葉のような形に作られ、のちの正常な発達過程で、隙間なくその指と指とを結びつけている細胞が死滅していくことによって、指が一本ずつ独立して離れていく。別の言い方をすると、人体はその構成要素の死によって彫り取られ、そうやって形づくられるのである。指先もそうだが、ほかに心臓や腸、神経系など、体内の中空になっている多くの部分も同様だ。これらの器官はその内部が彫り取られたからこそその機能を果たすことができる。つまり、これらの器官が機能するのは、自らの一部が死滅したためなのである。したがってわたしたちに命があるのは、そこで働いた死のおかげなのである。

生命の中心におけるこの魅力的な死の現象は、比類なき科学者で語り手であるジャン＝クロード・アメゼンによって深く掘り下げられた。アメゼンは「アポトーシス（遺伝子機構の作動により生じる自律的細胞死）」と呼ばれるこの過程に夢中になった。わたしたちの体内でプログラムされたこの死は、ギリシャ語に由来し、「高いところから落ちる」という意味である。この言葉は秋に枯れ葉が木から落ちることも意味する。

命あるものの季節はこのように巡り、木々や人々は死があって初めて生きつづけることができる。アポトーシスを経験し、死が再生の可能性を彫り込んだものだけに、春は巡ってくる。今日では腫瘍学でも同じことが言われている。つまり、暴走した細胞、ほぼ永遠に続く命を得ることで死を拒絶した細胞が腫瘍となるという。死すべき細胞が生き残ることがわたしたちに死を宣告し、阻止された死がわたしたちにとって致命的なものとなる。歴史が持続可能なのは、生と死が手を握り合った時なのである。

わたしは解剖学と生物学、そして胚形成について学んだが、結局医者にも研究者にもならなかった。そして別の形で生きている人々とともに歩む道を選んだ。

ラビという仕事では、生物学や生命科学で学んだすべてのことは、ほかの表現で伝えられるように思われる。そして、こうした身体に関する知識はわたしの語る物語とともに対話のなかに入ってくる。

生物学では、死がわたしたちの命の大きな部分を占めることを学んだ。ラビというわたしの仕事からは、何かが真実ならば、その反対も同様に真実だということを毎日教えられる。たとえば、死のなかにも生きている人々のための場所がある。そのため、わたしたちはその場所について語らなければならないし、それをホルマリンよりも強力に保存する言葉を見つけなければならない。物語には、わたしたちのなかに消せない痕跡を残し、生きている人々のなかに死を存続させる力がある。墓地で司式をするたびに、わたしは物語の力でその場所に敬意を表し、その場所を広げようと努めている。

本書には、わたしに語るべく託された物語や、わたしが経験したり寄り添ったりすることのできた人生や喪の悲しみが集められている。深い悲しみに見舞われた方々のプライバシーを守るため、細部は変えているが、そのほかについては事実に完全に忠実に、そして当事者のご家族の同意を得て書かれている。わたしが寄り添い、そしてその物語がこれらのページに書かれた方、書かれなかった方、その全員の方々に限りない感謝の念を表したい。そして手を握ってその方たちに寄り添えたことを名誉に感じ、あらためてお礼を申し上げる。

エルザ

生者の家で

「さあ、お話しください！」

毎回、エルザはこの言葉でセッションを始め、こうやって一度放した物語の糸を再びつかむように、患者たちにセラピーの続きを促していく。エルザ・カヤットは物語が大好きで、物語を記すことも語ることもでき、人の物語に耳を傾けるすべも知っていた。

だがこの物語を聞く時間はエルザにはなかった。というのも、この物語はちょうどエルザの死後に始まったからである。そのあとの話をエルザに聞いてもらいたくてたまらない。悲しみでわたしたちがどうなったのか伝えたいし、縫い目のほどけてしまったこの話をエルザだったらどう分析したか、想像してみたいのだ。

二〇一五年一月十五日、木曜日。正午にはすでに大勢の人々がモンパルナス墓地の入り口で待っていた。あたりはしんと静まり返っていた。わたしたちのむせび泣きが国全体の沈黙を伝えていた。八日前からわたしたちは声を失っていた。
一週間前の水曜日、銃声によって時が引き裂かれ、記憶はそこで固まった〔一月七日、パリ市内にある風刺週刊紙「シャルリ＝エブド」の編集局にアルジェリア系フランス人兄弟二人が侵入し、編集長や風刺画家、警備にあたっていた警察官たちに銃撃を浴びせ、十二人を殺害した「シャルリ＝エブド襲撃事件」〕。事件のニュースを聞いた時に自分がどこにいたか、死が会話を止めた時に何を話していたか、誰もが正確に覚えていた。

埋葬の儀式は数分後に始まる予定になっていた。「シャルリ＝エブドの精神科医」の葬儀の取材に来たジャーナリストやカメラマンたちが墓地の外で待っていた。
わたしはエルザの家族を見つけようと、知人や名前を知らない人々の間に滑り込んでいった。すぐに、当然ながらエルザには何人もの家族がいたことに気がついた。血のつながった家族のほか、シャルリ＝エブドの同僚という家族、患者や大勢の友人たち、そして彼女の著作を通して身内となった、読者という家族たち。相容れない意見の人々や深い悲しみに沈んだ人々、そして親を亡くした子どもたちが、ともにこの墓地に集まっていた。失われたシャルリ＝エブド編集部の命、ユダヤ食品スーパーの買い物客の命、そして一人の女性警察官の命によって、彼らの運命は一つになっていた。

墓地の周りには、一度のセラピーセッションには多すぎる大勢の人たちが集まっていた。どこから話を始めたらよいのかわたしにはわからなかった。わたしたちの身に起こった理解すらできない出来事を、いったいどう語ればよいのだろうか。混乱してわけがわからないと言いたい時、フランス語ではこんな奇妙な言い方をすることがある。「まるでヘブライ語だ」と。まるで、この外国語がすべての人にとってほかのどの言語よりも疎遠で習得しにくいものであるかのように。それでは、このヘブライ語の話から始めよう。

ヘブライ語では、墓地には一見して不合理で矛盾した名前がある。それは「Beit haH'ayim《ベイト・ハハイム》」で「命の家」もしくは「生者の家」という意味だ。これは死を否定しようとしたり、死を消し去って回避しようとしたりしているのではない。その反対に死を言葉の外に置くことで、明確なメッセージを死に送ろうとするものだ。死がここに存在するのは明らかだが、だからと言ってそれは死の勝利を意味しないということを死にわからせ、墓地にいる時でもわたしたちが死に打ち負かされることはないことを確認するためなのである。

ユダヤ人はトーラー〔「教え・教義」の意。狭義には旧約聖書の冒頭の「モーセ五書（の教え）」を指し、広義には「モーセ五書」と口伝の教え（トーラー・シェ＝ベ＝アル・ペ）であるミシュナを指す〕のある一節を非常に真剣に受けとめている。それは『申命記』で、神の命令として述べられた言葉である。「私は、いのちと死、祝福とのろいを、あなたの前に置く。あなたはいのちを選びなさい[1]」したがって、この掟に忠実に従っていることを示すために、ユダヤ人はどんな場合でも命という言葉を口にして命を呼び出そうとする。

LeH'ayim《レハイム》つまり「命に！」と、ユダヤ人は死の影を軽んじるように、乾杯のたびにこの言葉を口にする。「人生に乾杯！」と。そうしていかに死が頻繁に家の戸を叩き、押しかけようとしてきても、ユダヤ人は、あくまでも自分たちは死に対して扉を閉ざすことができ、「すみませんが、ここにはいません。あとでもう一度来てください」と死に向かって言えるというふりをする。墓地にいる時ですらユダヤ人は死を追い払い、「あっちへ行ってくれ」と言う。

ユダヤ人のもう一つの特徴に触れるため、もう少しヘブライ語の話をしよう。今度は文法的な話だ。H'ayim《ハイム》（命）という言葉は複数形で、ヘブライ語のこの単語には単数形は存在しない。つまりヘブライ語ではわたしたち一人一人には複数の命、つまり複数の生がある。それは連続した生ではなく、まるで一生の間たがいに編み込まれていて、ほどけることによって初めてそれぞれが姿を現す糸のように編まれたものだ。ヘブライ語では、わたしたちの命は、自分の物語を語ることによって結び目がほどけるようになるまで、タペストリーのように織り上げられているのである。

「さあ、お話しください！」

エルザは出会ったすべての人々に話を始めるように促していた。エルザのすべての文章、つまり彼女の書いたどの記事や本にも、人々のために糸をほどこうとした跡があった。少なくともエルザはCayat〔カヤット、ヘブライ語ではハヤト〕という自分の名前が、ヘブライ語とアラビア語で「仕立て屋」という意味だと知っていたのだろうか。数世紀の間、ユダヤ人たちは奇妙な愛の歴史で織物に結びついてきたが、それは現在でも多くのユダヤ人ジョークに残っている。

1 『申命記』30章19節

父親が息子に言った話。

「パリ政治学院《シアンスポ》とハーバードと理工科学校《ポリテクニーク》を出たんだから、おまえもそろそろ選ばなくちゃいけない。紳士服を作るか、婦人服を作るか」

おそらくエルザのやり方なのだろう、エルザはこの祖先の伝統に則り、織物の糸を一本一本繕うように、話に手を加えていった。

その日、引き裂かれた国民を迎えたモンパルナスの「生者の家」で、わたしはエルザの家族を探していた。と、エルザの姉ベアトリスに手を取られ、身内だけが集まっているところに導かれた。そこにいたのはカヤット家の人々とシャルリ＝エブドのエルザの仲間たちだった。その時、ベアトリスが彼らに向かって言った言葉にわたしは身を震わせた。

「わたしたちのラビ、デルフィーヌを紹介します。でも心配しないでください。デルフィーヌは宗教的に中立な立場のラビですから」

なんと言ったらよいのかわからず、わたしは黙っていた。からかわれているのだろうか？　それとも、わたしは何か誤った期待をされているのだろうか？　どんな役割を果たすべきなのだろう？　そんなことが頭のなかを巡った。

だが、実際には、エルザの姉がきわめて真剣にその人たちに知らせようとしていたことがなんなのか、わたしにはわかっていた。そして彼女が彼らを安心させようとしていたことも。

カヤット家は無神論者だ。そしてエルザは宗教的中立《ライシテ》と、有名なエルザのコラム「シャルリの寝椅子」を掲載していたシャルリ＝エブドの精神を愛していた。このような開けた心の人々となら、ユダヤ教の伝統の教えの言葉で対話ができるはずである。ラビであるわたしはその責務を果たさなければならない。そう考えた。

この人々の意見の一致を図り、エルザの人生を織りなすすべての糸をつなぎ合わせ、彼女自身の複雑さだけでなく、縦糸がばらばらになった国全体の複雑さをもここで明らかにする方法が存在するはずだ。

そう思った瞬間、ある思いが湧き上がってきた。学識豊かで反宗教的なスファラディ〔スペイン系ユダヤ人〕、フランス人精神分析学者、そしてフェミニズムの闘士であり、愛情深い母親で、歯に衣着せず物を言う友人で、教養人で口達者。エルザというそんな一人の女性の人生の様々な面を通じた対話によって、二〇一五年一月のフランスでたがいに話すことなどなくなったと突然信じ込んでしまった人たちに、再び口を開かせることができるはずだ。そう思った。

そのすべての声は、わたしたちを和解させ、融和に導くことができるはずである。というのも、この瞬間、同じく問題となっていたのは、引き裂かれてしまった国民を一つにできるかどうかということだったからである。

その日、シャルリ＝エブド襲撃事件の生存者の前で、先祖から伝わる礼拝の言葉でユダヤの詩編と祈りを唱えたわたしは「宗教的に中立な立場のラビ」ではなかったが、自分は常に宗教的に中立な立場のラビだったことに気がついた。「宗教的に中立な立場のラビ」とは不合理でばかげていると思う人もいるだろう。だが、この言葉は、わたしが表現するのに苦労してきた深い真実を語っている。

フランスの宗教的中立とは、信仰を無信仰と対立させるものではない。また、神が見ておられると信じる人々と、同様に、神は死んだ、もしくは神などでっち上げられたものだと固く信じる人々とを分断させるものでもない。そういう話ではないのだ。宗教的中立とは、天は空っぽだという信念や、天上の存在に対する信条に基づくものではなく、何かの入る隙間もなくなることなど絶対にないこの世界を守ること、そして、自分とは異なる宗教にも常に場所はあるという意識に基づくものだ。宗教的中立の考えによって、わたしたちの生活空間は信条で飽和状態になることはなく、確固たるもののない場所が常に存在することが保証されている。宗教的中立によって、ある一つの信仰や帰属意識が国中に充満しないようになっているのだ。このように、宗教的中立はその方法によってすべてを超越したものだ。宗教的中立それ自身のなかに、わたしの信条よりも大きな領域があり、そこには外来の信条が受け入れられ、呼吸できることがはっきりと示されている。

ユダヤ教にはその言葉のなかにこの考えと共鳴するものがある。わたしにはそう感じることがよくあった。ユダヤ人のアイデンティティも、空白が存在することに基礎を置いている。その第一の理由は、このアイデンティティは他者をユダヤ教へ改宗させようと努めるものではなく、自らが唯一の真実を握っていると他者を説き伏せようとするものではないからである。第二の理由は、このアイデンティティは、何が自分に根拠を与えているのかを述べるのに苦労しているからである。何がユダヤ人をユダヤ人たらしめているのかを本当に知る人はいないし、「善いユダヤ人」についてはなおさらだ。出自なのか、宗教的しきたりの遵守なのか、信条なのか。それとも食事の戒律を守ることなのか？ユダヤ人であるということは、常に言葉に表せることを超えたものであり、その可能性を限定する唯一の定義に閉じ込められることの決してないものなのだ。

別の言い方をすると、「普遍的な」ユダヤ教は常に「わたしの」ユダヤ教よりも偉大である。そこにはわたしのものとは異なる見解を受け入れる自由な余地があり、それゆえに、無限の超越性をもつ。つまり、与えられる様々な定義を常に超えるものなのである。

ユダヤ教の内部にはエルザの場所もわたしの場所もあり、無神論者のユダヤ人の場所もラビの場所もあることが保証されている。自分の方が正当だと主張できる者は誰もいない。ほかの人より自分の方が「より」ユダヤ人的であるとか「より善い」ユダヤ人であると主張できる者は誰もいないのである。

それゆえに、もしわたしがわたしのユダヤ教のなかに普遍的なユダヤ教のための場所を作らなければ、わたしはユダヤ教を裏切っていることになる。普遍的なユダヤ教をわたしの定義や普遍的なユダヤ教の定義に限定してしまうことは、それを汚すことに等しい。

宗教的中立はこの認識と無関係ではない。

わたしにとって「宗教的に中立な立場のラビ」であるということは、フランスという国のなかでもユダヤ教の伝統のなかでも、わたしの信仰は決して支配権を得られないという事実を恩寵として受け入れるということである。そして、この空の下、誰もが息をするのに十分な空間があることを喜ぶことなのである。

どうしてわたしがエルザの姉の横に立って「反宗教的」な編集部の生存者とともに祈れるのか、そしてわたしたちは再び人生を一緒に選ぶことができると主張できるのか。それを彼女は「宗教的に中立な立場のラビ」という言葉の力で、わたしにできる以上にうまく表現してくれた。このことについて彼女に永遠の感謝をささげたい。

エルザの人生がどのようなものだったかを思い起こさせるために、自分はどんな話をするべきか、ユダヤ教の伝統の教えの言葉を使ってどのように言葉を紡いでいくべきか、彼女のおかげでそれがわかった。わたしは、この二〇一五年一月十五日のパリの墓地で、かつて先人たちが話したテーマを盛り込んで話をしなければならない。はるか昔にタルムード〔ユダヤ教の律法や宗教的伝承・解説などを集めた書〕の書物に現れて、人々に分かち合ってもらえるのを辛抱強く待っていた、先祖の会話を続けるべきなのである。そう考えて、わたしは話しはじめた。

これはエルサレム近郊のヤブネという小さな町で、ほぼ千八百年前に始まった話である。最初にこの話を始めたのは、エリエゼルという名の賢者と、ヨシュアという賢者、そして教学院の弟子たちである。その時以来、代々の読者たちがそれに加わり、議論を続けてきた。

議論の発端は一つの台所用具だ。砂を使って石を一つずつ組み合わせて作った窯である。賢者たちはこのような構造の窯の、儀式における扱いを決める必要に迫られた。この窯には不純なものが入り込んでいる可能性があるだろうか？　この窯は穢れなく、どのような状況でも使えるのだろうか？この問題は些末なことに思われるかもしれないが、タルムードにおける賢者たちの討論はしばしば実用的な問題やその法に関する含意、象徴的な意味に及ぶものなのである。

この窯に関する問いについて、ラビ・エリエゼルと他の賢者たちの間で意見が分かれた。他の賢者たちがこの窯は不浄だと言うのに対し、ラビ・エリエゼルは清浄だと宣言し、こう付け加えた。

「私が正しいことを、この木が証明するはずだ」

すると、ただちにその木がその場を離れ、窯から数百メートルのところに再び根を下ろした。教学院のラビたちはこの奇跡にはまったく動じず、こう言った。

「だからどうしたと言うんですか。いったい、木が何を証明できるって言うんです？」

ラビ・エリエゼルはくじけることなくこう言った。

「私が正しいことを、水の流れが証明するはずだ」

すると、ただちにそこを流れていた小川の水の流れが止み、逆流しはじめた。だが、教学院のラビたちは、依然としてこの奇跡になんの価値も見出さず、正しいのは自分たちの意見で、ラビ・エリエゼルの意見ではないと主張した。

ラビ・エリエゼルはさらに奇跡を披露した。

「私が正しければ、教学院の壁が私に賛意を示して傾くだろう！」

すると、壁が揺れはじめ、賢者たちを押しつぶそうとするかのように、ゆっくりとたわんできた。賢者たちは壁を叱りつけてこう言った。

「出しゃばった真似をするんじゃない！　賢者が議論をしているのだ。おまえには関係ない」

すると壁は倒れるのをやめ、ラビ・エリエゼルと他のラビの双方に敬意を払うように、傾いたまま固まった。そうして今日までその形を保っている。

反論の言葉を失い、ラビ・エリエゼルは今度はよく通る声でこう言った。

「私が正しく、私の意見が適切ならば、天の声が響いて証明してくれるだろう」

すると、ただちに天の声が響き渡り、ラビ・エリエゼルを支持してはっきりとこう言った。

「ラビ・エリエゼルの意見は法にかなっている」

すると、それまで黙っていたラビ・ヨシュアが立ち上がり、天に向かって言った。「トーラーは天のものではありません」

ラビ・ヨシュアはほかならぬ神に直接呼びかけてこう言った。「思い出してください。シナイ山で私たちに法をお与えになったのはあなたです。その時から、法はあなたの手ではなく、私たちの手のなかにあるのです。あの法の解釈に責任があるのは私たちであり、いかなる奇跡も超自然現象の出現も、多数の賢者が支持する意見を無効にすることはできません」

タルムードはこの話をこう締めくくっている。神は笑い出してこう言った。「息子たちに言い負かされた。息子たちに言い負かされてしまったよ！[2]」

伝統的宗教思想に大いなる衝撃が走った。タルムードのラビたちが、一つの簡単な伝説を通して、神を頂点とするいわゆる権力の階級制度を覆し、超越的権威への服従を問題として取り上げたのである。彼らによれば、神は自分たちに法を託したが、その法は神ご自身の意見に反するものも含め、自分たちが再び解釈するものである。神が自分たちに授けたこの力は、それゆえに神が手放したものの一つであり、歴史への神の介入をもはや不適切とするものである。「手遅れです」と彼らは神に言う。いかなる世界秩序の変更も、いかなる奇跡も、神が人間に与えた力を取り除くことはできないのです、と。

こうして二世紀に、ラビたちはありきたりな台所用具を中心に神学革命を起こしたのである。そして、聖なる法が神に距離を置くよう命じたと宣言した。ラビたちは、まるで息子にチェスのルールを教えた父親がチェスで息子に負かされたのを楽しむかのように、神がこのように激しく拒絶されたことを楽しんでいるとさえ考えた。負かされたことを面白がりながら、「チェックメイトだ」と神は言

2　バビロニア・タルムード　ババ・メツィア篇59b

った。ヤブネのタルムードのラビたちは、議論する人間たちのために、笑いながら歴史から身を退けて、姿を消そうとするユーモアに満ちた神を夢見たのである。

ここにラビたちは、人間の決定が論議の的になっている時にはその人間の決定が神の意向に優り、神が介在しない世界、つまりその言葉の意味通りの無神論の一形態である宗教思想を生み出したのである。

「天にましますわれらの父よ、天にとどまりたまえ。我らは、時に美しい、この地上に残ります」詩人のジャック・プレヴェールは二十世紀にこう書いた。それに先んじて、賢者たちはすでにこれを宣言していたのである。

このラビたちを「信仰心のない」という意味で無神論者だと言うのは、もちろん事実を歪曲することになる。彼らは神の法を解釈し、神の創造物の友になるという聖なる使命を自分たちに与えた神に人生をささげている。

そもそも、この議論が生まれた背景には無視できない状況があった。この言葉による革命が起こったのは、紀元七〇年のエルサレム神殿破壊のほんの何十年か後のことで、それは、まさにそれまで神の存在が世界にあったその思想を革新すべき時だったのである。彼らが生きていた時代はまた、一人の男性が自分は奇跡を起こし、病人を治し、死者をよみがえらせることができると主張しながらこの地を通ってから、まだ数十年も経っていない時だった。そのような状況では、たとえ奇跡が起きたとしても、それが人間の解放ではないのなら、奇跡はなんの証明にもならないと主張して、彼らが自分たちの権力の強化を目指したのはしごく当然のことだったのである。

だが、歴史的背景がどうであれ、この伝説は、あらゆる時代において、読者に自分の神に対する考え方を再検討するよう促すものだ。この話は、賢者たちから距離を置くよう求められている時でさえ、自らの無力さを笑い、賢者たちの厚かましさを楽しんでいる神を思い描くことを人々に許している。

わたしには、シャルリ＝エブドの何人かが同じように厚かましかったり、一人の不敬な女性精神科医のコラムが神を追い払おうとしたりしたとしても、この神が憤慨するとはとても思えない。それに、わたしには、この無作法な編集部が、不本意にも、絶対に我が物とは言わないはずのタルムード的厚かましさの継承者になっているように思え、微笑まずにはいられない。タルムードの神が「ばかどもに愛されるのはつらいよ」とご自分なりのやり方で言っているのを、この編集部は知っていたのだろうか？

わたしはエルザの友人が一人残らず語る彼女の笑いについて考え、そして彼女を黙らせた愚かな行為について考える。

殺人者たちは自らの殺人行為の目を背けたくなるような矛盾に気づいていたのだろうか。復讐を命じ、軽蔑されることに腹を立てる彼らの唯一神への信仰は、神への桁外れな冒瀆に相当する。いったい、どんな「偉大な」神が、哀れにも人々に自分の名誉を保ってもらう必要があるほど「卑小に」なりうるだろうか。神が嘲笑されて憤慨すると考えることこそ最大の冒瀆ではないだろうか。偉大なるかな、ユーモアのある神。卑小なるかな、ユーモアを欠いた神。そうではないだろうか。

以上が、わたしが二〇一五年一月のその日、パリの墓地に集まった人々に話した内容だ。その人たちは全員が共通して、神の笑いと人間の笑いを信じ、その笑いの偉大さを信じていた。こうしてその朝モンパルナス墓地で、わたしたちはともに泣き、慟哭し、深い絶望のなかからユーモアを示してみせたのである。

エルザの墓石には「自由・平等・友愛」の文字が刻まれた。この共和国の標語の下に今後彼女は眠る。その後数か月の間、わたしが引用したタルムードの抜粋が墓所の上に置かれていた。誰かがプラスチックのケースに入れてそこに置き、石で重しをしていった。だが、それはやがてどこかに飛んでいったようだ。

モンパルナス墓地に行くたびに、わたしはエルザの墓にお参りをする。エルザの墓はわかりやすい場所にある。横方向の小路のすぐ近く、金属製のアーチの隣だ。伝統に従って、わたしは墓石の上に小石を一つ置く。時が経つと小石は小さな山となり、過ぎた月日を物語る。

ユダヤ人には墓に花を供える習慣はないが、石を置く習慣がある。ほとんどの人はその意味を知らないが、それにはとても象徴的な意味がある。

昔、死者が道端や野原に埋葬されていた時代には、そこを通る人々、特に、「コーヘン（祭司）」と呼ばれる階級の人々に、そこに墓所があることをどうしても示す必要があった。聖書の法によって、この聖職者の家系の人々が死体に近づくことは禁じられていたからだ。死者と接触すると彼らは穢れてしまい、神殿での祭司の役割を果たせなくなる。つまり、墓に置かれた石は、その土地のコーヘンに通ってはならない道を示すためのものだったのだ。

墓地に囲いが作られるようになっても、この石を置く慣習は続いた。だが、そこにはより象徴的な意味が付け加えられた。花はしおれていくが、石は残り、思い出の力を語る。残された人たちの人生のなかに故人が占める変わることのない場所を、石は語っているのである。

さらに、ヘブライ語では石という言葉には特別な名前があり、その名前のもつ隠れた意味には強い象徴的な力がある。ヘブライ語では石はEbben《エベン》というが、この言葉を一度切ると、「ab《アブ》」と「ben《ベン》」とに分かれる。「ab《アブ》」は「親」、「ben《ベン》」は「子」を意味する。つまり石とは「親」と「子」という二つの言葉が結びついたものなのである。

小石を墓所に置くことは、そこに眠る故人に向かって、自分も故人の残した遺産の一部であると示し、故人の歴史を存続させる世代のつながりに自分の身を置くと表明することだ。その石は親子関係を示し——それが現実のものでも架空のものであっても——その関係は永遠に真実のものなのである。

二〇一五年一月の子どもたちには、どのような忘れ得ぬ痕跡が残されたのだろうか。この日、わたしたちはどのような遺産をその肩に負ったのだろうか？　その答えを言うにはまだ早すぎる。この事件はわたしたちを親を亡くした子どもに変えた。この子どもたちが、故人に何を負っているのかをすべて理解するには何年もかかるだろう。

わたしはその子どもの一人のことを、そしてその子の悲しみについて、何度も何度も考える。

あの二〇一五年一月十五日に見た、その子の姿を今もはっきりと覚えている。髪の黒い、とても上品な身なりをした若い女性だった。ハイヒールを履き、髪と同じ色の毛皮のコートを身にまとったその姿は、まるでハリウッド女優のようにも見えた。その朝、おそらく彼女は身に着ける服やアクセサリーを一つずつ入念に選んだのだろう。まるで、淑女のように装えばそこに悲しみを包みこめると信じ、背伸びした衣服を身にまとおうとする少女のように、痛々しいほど大人びた姿をしていた。それはエルザの娘だった。

エルザの棺が墓穴に下ろされる時、彼女はわたしの右に立っていた。わたしたちは棺に一握りの土をかける前に、並んで追悼の祈りであるカッディーシュを唱えた。その時だった。わたしの方を向くと、彼女は大きな嗚咽を漏らしてこう言った。「ねえ、やっぱり、ママはもう戻って来ないの？」

国民的な悲劇的事件で大勢が悲嘆に暮れるなか、数百万の人々が追悼の市民集会に参加し、世界の各国首脳がパリで行進に参加する一方で、わたしたちはおそらく最も重要なことを忘れていた。それは、一人の娘に、母親は永遠に戻って来ないと説明することだ。大勢が、もしくは国民全体が悲嘆に暮れるなかでは、犠牲者の家族や親しい友人たちからはいつも何かが奪われる。それは彼らが当然要求する権利をもつと言ってよいものだ。それは、わたしたちには思いもよらない深い苦しみに気づくこと、そして真実の言葉である。

わたしはエルザの娘にエルザは戻って来ないと言い、それからエルザはいつもわたしたちのそばにいると言った。彼女が身に着けた「わたしは、自分がなると決めたものになる」と世界に誓ったような、その洗練された毛皮のコートのなかに。それから、エルザのおかげでこれからも様々な話を語っていける、エルザの患者の無意識のなかに。そして、これからもユーモアを捨て去ることなく死の勝利を阻む、悲嘆に暮れたエルザの友人たちの笑い声のなかに。そういうところにエルザはいつもいるのだ。

二〇一五年一月十五日、墓地から出ると、かつてシャルリ＝エブドに参加していた風刺画家のジュルに出会った。ジュルはわたしの腕をつかんで目配せすると、耳元でこうささやいた。
「万一テロが続くようなことがあったら、ぼくの葬儀にはきみを予約したいよ。きみがやってくれたら、母もすごく喜ぶと思う……」

その時、わたしたちの嗚咽に交じって、エルザの力強い笑い声が生者の家に響き渡るのが聞こえた気がした。

マルク

幽霊たちの服

「エルザは戻って来ない」そうわたしはエルザの娘に言った。

だが、それはまちがいだった。

シャルリ＝エブド襲撃事件から二年半が経った二〇一七年六月、わたしは家族を失ったある家庭から電話を受けた。亡くなったのはマルクという四十九歳の男性で、あとには両親と妻、そして一人息子が残された。遺族を通じて、わたしは、明晰で、見送るにはまだ若すぎるマルクという男性を知ることになった。

故人の近親者と会い、葬儀の準備をするのは神聖な時間だ。そう書くと陳腐に聞こえるかもしれない。だが、愛する人に別れを告げる人々のそばで過ごすこの数時間または数日は「神聖な」時間であり、ヘブライ語でもそう言われる。「神聖な」という言葉kadosh《カドシュ》は文字通りには「別の」という意味である。愛する存在の死は生き残った人々を別の時間へと連れていく。つまり、時間の進みを止めてしまうのである。
ユダヤ教の慣習では、死亡から埋葬までの間、遺体のそばでろうそくを灯しておくことが望まれる。このろうそくは故人の魂がまだ生きていて、地上にとどまっていることの象徴である。この儀式は、わたしたちのもとを去る故人の命の何かが、数日の間赤く燃えているという深い真実を表している。この数日間は去りゆく命が特別な方法で輝く時であり、近づくすべての人々はこれを感じ取る。この光は世界に火を点けることができ、またはその時まで完全な闇にいたものを見えるようにすることができる。

時間を超えたこの時のなかにいる近親者との会話がきわめて重要となるのは、このような理由からである。ラビとして、この光を見つけようとするのに、わたしは非常に近い距離にいる。それは言葉やしぐさや話を通じて、また、故人と親密だった人々の沈黙を通じて見つけられる。そのために、わたしはこの光が明らかにするものや照らすもの、そして、この光に含まれている闇や、この光がどのようにして震えるのかを理解する必要がある。

この文章のなかに、凝り固まった信心や呪術的思考を読み取る人もいることはわかっている。だが、わたしがここで話しているのは、永遠の魂や死後の生を信じることではない。そうではなく、非常に具体的で理性的なこと、つまり、歪曲なく話されさえすれば、葬儀が故人の人生を運命に変えることができると言いたいのである。

「死の悲劇は、死が人生を運命に変えることにある」とアンドレ・マルローは言い、この有名な言葉はよく引用される。言葉と儀式のおかげで、死には確かにこの力がある。死は、その人の最期に基礎を置いて記念建造物を建てるようにして、人生を築く物語を創り上げる。しかし、マルローの言葉とは対照的に、わたしにはこの神聖な瞬間に悲劇を盛り込む必要はないと思われる。わたしたちの目の前で建ちはじめる記憶の建物に対して、違う見方をすることもできるはずだ。

人生を運命に変える違った方法は確かに存在する。死は悲劇だが、いずれにせよ、死が訪れるのは、わたしたちの意識では思いがけない時である。というのも、まだ時が来ていなかったり、もしくは別離という暴力がその行く手にあるすべてを消し去っていくからだ……。しかし、人生の物語をその暴力に奪い取らせないようにする方法はある。突然の死によって人生が奪われることはあまりにも多い。だが、その人生全体が結末だけに限られるようなことがあってはならない。

絶対に、その人の最期でその人の人生を語ってはならず、その人の人生において「終わりがない」と思われるすべてのもので語らなければならない。

もう起こらないことを述べる前に、実際に起こったことや起こったかもしれないことを述べるすべを心得なければならない。

このことを考えると、ミシェル・ルクレール監督のコメディ『戦争より愛のカンケイ』のワンシーンを思い出す。この映画では、強制収容所で虐殺された祖父母をもつ主人公が、収容所で亡くなった子どもたちに敬意を表するために、自分の出身中学で追悼プレートの設置を手伝っている。ある時教師がその追悼の意味を説明していると、一人の少年が口をはさんでこんなことを話しはじめる。「殺されたのが自分だとして、この殺されるってことがどれだけ恐ろしいかを思い出させるプレートの前を毎日通るとするだろ。それって嬉しいと思わないと思うな。たとえば、初めてパフェを食べた日のことを思い出す方がいいよ。〈子どもたちが初めてパフェを食べたのはこの中学です〉って書いた方がいいんじゃない？　その方がこの子たちにとっていいと思うよ」

この言葉は友人たちから顰蹙を買う。だが、この挑発的な言葉には熟考すべき興味深い真実が表れている。けれども、それを理解しない教師は、この少年の指摘に怒りはじめる。その真実とは、たとえそれが痛ましい死である場合でも、わたしたちを残して逝く人たちの人生を語る方法はたくさんあるということだ。その人たちの人生は複雑で、決してその人生が中断させられたという悲劇だけにまとめられるものではない。おそらく、わたしたちにはその複雑な人生に忠実な記憶をもつことが必要なのだ。

わたしは自分の愛する人たちに向かって言うように、自分に向かって何度もこう言っている。「わたしたちの葬儀の日には、その人生が悲劇以外の形で語られるようにしたい。わたしたちが悲劇以外の言葉や悲劇的でない調子で思い出されるように、その人生がミステリー小説やロマンスシリーズ、神話の物語や人気コメディだと思ってもらえるように。葬儀の時には、わたしたちの死ばかりに焦点が当たらないで、わたしたちが人生をどれほど生きたかを感じてもらえるようにできるよう願うわ」

葬儀の際、スピーチがその人の人生を惜しいところでつかみそこねたり、司宰者が調子はずれな演説をしたまま式を進めてしまうことがある。そういうことはわたしにもあった。特に、わたしが葬儀を執りおこなった一人の男性に哀悼の意を表した際に「まちがった」と感じた時のことをよく覚えている。それはその人の人生の目立った特徴を知ることも調べることもできなかったためだった。葬儀の数日前、その人の兄弟たちが葬儀の準備にやって来た時に、わたしは故人に関する質問をした。だが、彼らはまるでその人の人格がすっかり記憶から抜け落ちているかのように、その人がまるで見知らぬ人であるかのように、答えに詰まっていた。

「故人が夢中になっていたことはありますか?」

「いえ、私たちの知る限りでは、特にありません」

「故人が本当に大切に思っていた人は誰ですか?」

「わかりません」

「どんな夢をおもちだったのでしょうか?」

「私たちの知る限りでは、特になかったようです」

これらの質問に対する答えは、葬儀の最中に見つかった。つまり、手遅れだったのだ。わたしたちが見送ったその男性は深く愛されていたが、血を分けた兄弟たちはそれを知らなかったのである。故人の恋人や友人たちが集まり、それを証明していた。彼らは故人が夢を語った、故人の真の家族だったが、そのなかには葬儀の前にわたしに話をしに来る人はいなかったのだ。

この男性が人生を完全に壁で区切っていくなかで、血のつながった家族は男性とすれ違っていた。そして葬儀の日、わたしは無知とすれ違いの代弁者であり、起こらなかった出会いの証人となっていたのである。わたしは墓地でこの失敗を頭に入れて、なんとか対応しなければならなかった。つまり、一人の男性が人生の過程で誰かと別れるために築いた壁を否定せず、見えない壁の反対側の声を聞くように耳を傾け、自分の知らなかったことを理解しようとする必要があったのだ。

マルクの葬儀では、そのようなことは何もなかった。マルクは自分を大切に思ってくれるすべての人との絆を作り上げていた。そしてその日、大勢の人が彼の人間性について語った。その日、わたしは彼の人生がどれほどの愛に満ちていたかを理解した。医学への愛、他人に対する思いやり、文章を書くことへの愛と家族への愛、友人たちへの愛。そして、彼が強いつながりや共通点をもっていたすべての人に対する愛。こうした友情のうちの一つがまさに姿を現して、彼に言葉を語らせるようわたしを促したのである。

マルクの葬儀の前日、追悼の辞の原稿を書いていると、遺族から最後のメッセージが送られてきた。すでにわたしに話したことに、言い忘れたエピソードをほんの少し付け足したいとのことだった。マルクは「文通のことがずっと気になっている」と数か月の間話していたので、それをわたしに知ってほしいのだという。遺族によると、マルクはシャルリ＝エブド襲撃事件で殺されたエルザ・カヤットという精神科医とEメールのやりとりをしていて、二人はそれを本にして出版する計画を立てていたというのだ。送られてきたそのメッセージには、二〇一一五年に途切れるまでの間に彼らが交わしたEメールのコピーが添付されていた。

エルザは戻って来ないとわたしは思っていた。だが、それはまちがいだった。その晩、エルザは彼女なりのやり方で戻って来てくれたのである。わたしの家のドア、いえ、コンピュータのディスプレイをノックして、わたしの心にしっかりつかまって追悼の辞を書くのを手伝ってくれたのである。わたしは添付されたメッセージを開いた。

夜も遅くなっており、これから読もうとするもののことを考えると身体が震えた。そもそも自分に二人の交わしたEメールを読む権利があるのだろうか？　マルクとエルザは実際に、二〇一四年の一年間にかなり多くのEメールをやりとりしていた。エルザの人生最後の年の前年のことである。

ここでメッセージの内容を少しお伝えしても、二人を裏切ることにはならないと思う。というのも、これは出版されるべきものだったからだ。そのなかで、マルクは思い出を語って意見を述べ、エルザはその返事として自分の精神科医としての経験を伝えていた。それらを合わせ、二人は、自分たちの未来の著作の主題である、掘り下げるべき執筆のテーマを決めた。

こうして二人は二〇一四年に話の主題を決定した。それは「死」だ。もちろん、二人とも、当時はそれが自分たちの身に次々と訪れるとは思いもよらなかったはずだ。

そのようにして、二〇一七年の夏、この世にとどまっていた原稿がEメールでわたしのもとに届いたのである。二人の葬儀をおこなったラビが、死後のそして最初の読者になるとは思いもしなかったはずの二人のEメールによる対話である。

二人の死を思いながら、まるで二人が自分たちの追悼の辞で話してもらいたいことをわたしに伝えているような気がした。おそらく二人はわたしがそれらを「見つけるよう」促しているのだ。それまで、一度も、わたしは幽霊から手紙をもらったことなどなかったし、Eメールなんてなおさらだ。だがこのようにしてこの世に戻って来た人たちは時折姿を現すのである。

この世に戻って来た人たち。わたしたちは幽霊のことをよくそう呼ぶが、それは「戻って来る」ことこそが彼らがひたすら望むことだからである。わたしたちがその姿を見て、彼らについて話すことを受け入れるようになるまで、何度も戻って来るのである。

では、幽霊の話をしよう。

子どもなら、誰もが幽霊ごっこをしたことがあるはずだ。わたしも祖父母の家の居間のカーテンの陰に隠れ、「ひゅ〜」と薄気味悪い声を出してカーテンの布を震わせたものだった。そんなことを数百回もしたのを覚えている。わたしたちの子どもの頃はどんな映画やアニメでも、幽霊は同じようにくるくる回る白い布に覆われた姿をして現れた。だが、幽霊のこのイメージや象徴の出所は、概して大衆文化の枠だけに収まらない。実際、幽霊の白装束は、死者を白い布で包むという先祖代々伝わるユダヤ教の儀式からの無意識的借用なのである。

ユダヤ教では、死者は街着や「晴れ着」を着た姿で埋葬されることはない。埋葬の前に身を拭き清められ、埋葬のための特別な白いチュニックを着せられる。この装束は聖書に言及のある別の衣服を象徴的に再現したものだ。それは、今から二千年以上前にエルサレム神殿の大祭司が祭式を執行する際に着ていた祭服である。

トーラーには、創造主と向かい合う祭壇の準備をする際、大祭司がどのように身を清め、禊《みそぎ》をおこない、衣服をまとうかについての詳細な記述がある。神殿では、コーヘンは神に最も近づくことのできる人間であり、至聖所〔神殿の奥の最も神聖な部屋〕に立ち入る権利をもつ、つまり見えざる神の御前に行く権利をもつ唯一の者である。ユダヤ教の伝統の教えでは、どの人間も自分の埋葬の日にはこれと同じ祭司の役割を負う。神に出会う準備をする間、その人間は清められ、同じ属性を付与される。その身体は祭司の服と同じ要素を再現した装束に包まれる。旅立ちの日、埋葬される人は誰もが大祭司であり、こうして神と顔を合わせる準備をするのである。

わたしたちの子ども時代の幽霊は、わたしたちの集合的記憶にあるこの埋葬の祭司のイメージだ。彼らはこの葬儀を再現している……一つの例外を別として。

ユダヤ教の伝統における死者の準備を締めくくるのは、遺体を埋葬する直前に装束の端を縫い合わせることだ。このように死に装束が縫い合わさることで、その人の死への旅立ちが確固たるものになるのである。

葬儀の準備のこの最後の点によって、日常生活に思いがけない影響を受けているユダヤ人家庭もある。我が家がそうだ。わたしが子どもの頃、服のボタンが取れたり、服の裾がほつれたりした時には、ほつれたところを急いで縫い直したり、引きちぎられた布の縫い目をすぐに繕ったりしなければならなかった。そんな時、母はわたしに意外な、そして見るからにお遊びのような指示を与えた。それは、力いっぱいあごを動かせというものだった。服の手直しをしている間、大げさに嚙むふりをして、ものを嚙んで食べているように見せなければならない、どうしてもそうする必要がある、というのだ。この一見意味もなさそうだが実際ドラマチックな命令が、どんな迷信から来ているのかをわたしが理解したのは、何年も経ってからのことだった。これは、生きた人間が着ている服を縫い直してはいけない、というのも、それは死者に対しておこなうことだから、という話だ。

もし死の天使が近所をうろついているのなら、悪運を払いのける、つまりより正確にはその天使にきわめて明確なメッセージを送る必要がある。ほつれた服を縫い直すところを死の天使が目撃していたと想像してほしい。きっと死の天使は、自分の目の前にいるのは死者だと判断するだろう！　したがって、ものを嚙んで食べているふりをするのは、目の前にいる人間は死んでいるのではなく、まちがいなく生きていることを死の天使に教えるためなのだ。「すみませんが、それは勘違いです。ただ繕っているだけなんです！」と。こうして死の天使に出直すよう促すのである。それも、できるだけ遅く来るように。

つまり、多くの映画や大衆文化に見られる、うごめく白い人影の幽霊が表すものは、ゆったりとした装束に身を包んだ死者なのだ。あまりうまく縫われていない、もしくはまったく縫われていない死に装束を着た死者なのである。

装束の端が縫い合わされていないので、幽霊はこの世を去ることはできない。縫ってもらえれば旅立てるが、それまではこの世にとどまってさまよっているのである。ヘブライ語では、幽霊はrouaH' refaïm《ルアハ・レファイム》というが、これは文字通り「緩んだ霊」という意味だ。糸のほどけた霊なのである。

幽霊は糸のほどけた自分の歴史の痕跡をとどめていて、それだからこそ戻って来る。彼らはそれがほどかれるのを待っている、つまり、自分たちの歴史が、あとに残してきた人々によって繕われるのを見たいと思っているのである。

ナイト・シャマラン監督の『シックス・センス』という映画では、ある少年が周囲の大人に向かって「ぼくには死んだ人が見えるんだ」という恐ろしい言葉を繰り返す。観客がぞっとするのは、もし自分がその少年だったら、周りにいる幽霊が見えることを認めようとしないのではないかと考えてしまうからだ。もし、自分に幽霊が見えてしまったら？　ただ注意して見たり、カーテンが動くのを見たりするだけで、幽霊が見えてしまったら？　そんなことを考えると恐ろしくてたまらない。

あらためて言うが、わたしたちはみな幽霊とともに生きていることを理性的に認めるためには、文字通りに死後の生を信じる必要はないし、わたしたちの古い家をさまよう魂の存在を信じる必要もない。

個人の歴史や家族の歴史、もしくは集合的歴史の幽霊もいれば、わたしたちがその誕生を見てきた民族の幽霊やわたしたちを受け入れる文化の幽霊もいる。わたしたちに語られた（または語られなかった）歴史の幽霊もいる。そして時にはわたしたちの話す言葉の幽霊もいる。

誰かの訪問を執務室で受ける時、わたしはほぼ毎回こうした幽霊たちと出会っていると思う。幽霊たちは、その人たちがわたしに語る「帰還」の話のなかに、そして打ち明ける家族の秘密のなかに、もしくは代々伝えられる呪いのなかに住んでいる。多くの場合、幽霊たちは記念日を好み、歴史が繰り返される家族のもとに一定の期間を置いて現れる。特によく現れるのは、自分の家系について何も知らないと思っている家族、もっと悪い場合には何も関係がないと思っている家族のところである。

幽霊たちは常に家のなかに存在してきたが、歴史的な出来事によってその力が外部にも及ぶことがある。戦争は、もちろんそれを引き起こす。そしてユダヤ人の家庭では、特に、幽霊はとても長生きで健康で、その完璧な増加を保証するトラウマに満ち満ちた歴史によって豊かに育まれている。

ホロコースト〔第二次大戦中、ナチの強制収容所でおこなわれたユダヤ人の大虐殺〕の犠牲者たち、墓に葬られなかった死者たち、強制改宗させられた人たち、隠れ家の子どもたちやマラーノ〔中世後期、カトリック信者に改宗させられたスペインやポルトガルのユダヤ人〕、そして沈黙の子孫たちや助かるために口を閉ざさざるをえなかった人たち、これらのすべての人たちの幽霊がいる。祖父母が語らなかったすべてのこと、あえてたずねないようにしていたすべてのことがここにあり、恐怖や追放という幽霊、そして有罪を宣告された幽霊たちがいる。わたしたちの人生に住むこの大勢の幽霊たちを呼び出すのは驚くほど簡単だ。

誕生、バル・ミツヴァー〔ユダヤ教の男子の成人式〕、結婚、近親者の死……。人生のどの節目にも、招待客リストの上や、最初にやって来る客のなかに幽霊たちはいる。彼らは親子の問題がかかわってくると、まさにその瞬間また突然に現れる。家族のなかで何かの関係が結ばれたり、断ち切られたり、また確固たるものとなったり、ばらばらになったりすると、その途端にやって来るのだ。絆を結んだり断ち切ったりするような事件があれば、それがどんなものでも彼らはやって来る。必ず来ると言ってよい。幽霊たちはわたしたちの歴史と彼らの歴史を縫い合わせるための足りない糸を探している。

ユダヤの古い伝説では、幽霊はDibbouk《ディブック》と呼ばれる。この言葉はヘブライ語のdavak《タヴァク》という語から来ている。davak《タヴァク》とは、「くっついた」または「一体となった」という意味だ。というのも、わたしたちの過去から現れた幽霊は、まるで擦り切れた布に貼りつけられた熱接着性繊維の布のように、突然わたしたちの人生にぴたりとくっつくからだ。くっついた二つの布の繊維は交ざり合い、一体となっている。

Dibbouk《ディブック》はわたしたちの人生にぴったりとくっついている。それは良いことでも悪いことでもなければ、そこには良い意図も悪い意図もない。ただ寄生虫のようにわたしたちの歴史にくっついているのである。時によってわたしたちを悩ませることもあれば助けることもあり、邪魔をすることもあれば、その反対にわたしたちの新たな出発を可能にしてくれることもある。
ユダヤの話のなかでは、幽霊が主人の足を引っ張ることもあれば、時には窮地から救うこともある。

幽霊は、アイザック・バシェヴィス・シンガーや他の作家の多くの本のなかにも住んでいる。たとえばロマン・ガリーの『ジェンギス・コーンのダンス』では、アウシュヴィッツで殺されたユダヤ人の姿をした幽霊が、元ナチス親衛隊員の人生をむしばんでいくさまが描かれている。

だが、ユダヤ教の伝統的な文献でも幽霊は重要な位置を占めている。

ユダヤ法の大法典『シュルハン・アルーフ』の著者である高名なラビ、ヨセフ・カロは、Dibbouk《ディブック》が自分の妻の不妊を治したと信じていた。カロによると、不妊の妻の魂に「くっついた」この幽霊自身が、子宝に恵まれるのに必要な子種を妻に与えたのだという。

このように、幽霊は必ずしもわたしたちに害をなそうと思っているわけではない。時にはわたしたちに歴史を語り、わたしたちの歴史は単に彼らの歴史の繰り返しだと告げたりする。

マルクがエルザに宛てた最初のEメールには、一人の幽霊が忍び込み、大きな場所を占めている。それはマルク自身の少年時代の幽霊だ。そもそも二人の議論が始まったのは、彼の少年時代のある出来事の話が発端である。Eメールの交換を始めた最初の数行で、マルクはエルザに死の概念と初めて出合った時のことを書いている。

僕は十歳くらいで、ベッドにいる――この光景が映画のようにとてもはっきりと記憶によみがえってきます。もう遅い時間なのに、僕はなかなか眠りにつけずにいました。
（略）両親はテレビでその頃カラーになったチャンネル2を見ているのに、僕はと言えば、ベッドのなかの暗闇で繰り返し寝返りを打っていました。自分ではまだわかっていませんでしたが、その時、僕の無意識は二度と閉じることのない扉を開けたのです。それまで、時間を気にすることなく、長い時間をただ無為に過ごしてきましたが、そうした素晴らしい月日に別れを告げ、のん気な子ども時代が終わろうとしていたのです。けれども、この夜、僕はもう人生のうちの十年を生きてしまったという意識をもったんです！　いやおうなく溶けてなくなるろうそくのように、すでに十年を使ってしまったのだと。そう、まるで二度と戻すことのできない砂時計のように……。もう一度こんなふうに過ごせば僕は二十歳になる。それを繰り返せば今度は四十歳だ……。そしてもう一度――と言うには数えるのもばかばかしいほどの長い年月に思えましたが――今度は八十歳、それは言うなれば人生の最後、つまり死ぬということだ、と思ったのです。

一人の少年が十歳にして死は避けられないと意識し、苦悩する。死の必然性を知ったこの少年は真夜中に母を呼び、慰められる。大人になり、「それは言うなれば人生の最後」と言った年齢よりもはるかに若くして今日死を迎えたこの少年は、このEメールの数か月後に死ぬこととなるエルザに、自分が十歳の時に感じた大きな恐怖を語っている。人生の始まりのこの段階で、彼はすでにその恐怖は死への恐怖だと知っていたのである。

エルザはマルクに返事を書き、この夜のことは、遠い過去に起源をもつある話を理解するための鍵だと示唆する。エルザによれば、この夜には一人の幽霊の痕跡があったという。「突然の恐怖という感情、これはなんでしょう?」とエルザは書いている。「それは非常に強い〈見捨てられる〉という気持ちで、これによって、**あなた**の歴史についてあなたには語られていなかった何かが再び活発になったのです。この死に対する恐怖は、死への欲求でもあり、見捨てられることに対する恐怖は、永遠に神に身をゆだねたいという欲求となって表れるのです」

二人の交わしたEメールを何行か読み、ここでお見せしながらも、わたしにはこれが二人を讃えることになるのかそれとも裏切っていることになるのか、はっきりとはわかっていない。二人の声を響かせることが、二人に対して敬意を表すことになるのか、それとも無礼にあたるのか、わからない。死者に話をさせることほど危険なことはない。だが、死者を黙らせることほど冒瀆的なこともない。とにかく、今は二人の話はここまでにしよう。

わたしはエルザとマルクを代弁しようとしているのではない。二人の話をしながら、二人の会話の重要な部分を削ったり歪曲したりすることなく、彼らの世界にできる限り忠実でいられればよいと思っている。二人にはただ感謝の言葉を伝えたい。というのも、実際、二人の死を超えて思いがけない方法で送られてきた、自分宛てではないこのEメールのやりとりによって、わたしは自分自身の物語を新たな視点で見直すことができたからだ。それに、わたしは二人とともに歩む方法を見つけたが、これは彼らの人生がわたしの人生に反響したおかげだとどうしても思われるのである。

二人のやりとりを読んでいるうちに、とまどいながらも、わたしには、二人がそこに出てくる恐怖だけでなく、わたし自身の恐怖にも立ち向かわせようとしているように思われた。二人のやりとりに現れる幽霊は、おそらく同じようにわたしの幽霊でもあり、彼らはその声をわたしに聞かせようとしていたのだと思う。

二人のEメールを読みながら、今度はわたしが語る番であることがわかってきた。マルクが自分の幽霊を呼び出したように、わたしも自分の幽霊を呼び出さなければならない。

というのも、ある晩、子どもだったマルクのもとに姿を現して、その眠りを妨げた死が見つけたのは、マルクだけではないからだ。死は、わたしのもとにも姿を現していた。それはさらに時をさかのぼり、十歳のわたしが祖父母の家のカーテンの陰に隠れていた、少女時代のある夜のことだった。


いつもの夏のように、わたしはフランス北部の都市ナンシーにある父方の祖父母のアパートでバカンスを過ごしていた。兄とわたしは年の近い兄弟によくあるように張り合ってばかりいて、お気に入りの孫や模範的な跡継ぎの地位を手に入れようと日々頭を働かせていた。相手を妬む気持ちのせいで途中で遊びを放り出すこともしょっちゅうあったし、けんかの多さは今も語り草になっている。

その日、わたしは兄がプレゼントにもらった遊び道具に夢中になっていた。それは、化学製品を使ってレジンの容器を作るキットで、液体のレジンにおもちゃを浸すと周りにプラスチックの容器ができるというものだ。こうしてペーパーウェイトや趣味の収集品のように見える作品が作れるのだった。

その液体が固まってどんな見た目になったのか、その遊びの本当の面白さはなんだったのかすらよく覚えていない。だがその代わり、その頭の痛くなるようなにおいと、頭から消えない激しい妬みはとてもはっきりと覚えている。この奇妙な嗅覚の記憶のせいで、ほかの記憶はすべて薄らいでしまったほどだ。

兄はこのキットで作品をいくつか作り、食堂のテーブルに並べていった。と、夕方近くになって、それが放つレジンのにおいに、わたしはどうしようもなく魅きつけられた。どうしてだかわからないが、気がつくと、わたしはそれを鼻にもっていき、そして口元に運んでいた。そのプラスチックの塊は少し柔らかく、わたしは突然、それを味わってみたくなった。そうしてその端をくちゃくちゃ嚙むと、とうとう小さな切れ端を飲み込んだ。

そのあと、具体的にどんなことがあったのかはわからない。ただ、その日、夜が来て、寝る時間になると、わたしは突然ある確信の混じった恐怖にとらわれた。昼間飲み込んだ小さなレジンの切れ端には「まちがいなく」毒がある。そう思ったのだ。わたしは深い絶望を感じた。自分を救えるものは何もなく、その夜が自分の人生最後の夜になるのだと完全に思い込んだ。自分は絶対に死ぬ。死を宣告されたのだ、と。

何時間もの間、わたしはベッドで泣きつづけた。わたしの「神の啓示」がなんであれ、それについて祖父母には何一つ絶対に言わなかった。自分がもうすぐ死ぬと祖父母に言うなんて、とんでもないことだった。二人を悲しませるかと思うと、とても耐えられなかった。何があっても、人生最後の夜に一人で立ち向かい、目前に迫った自分の死の理由を秘密にしなければならなかった。

その時、生まれて初めて、唯一の救いの道に思われる方法に頼ろうという突飛な考えが浮かんだ。短く、そしてすでに今にも終わろうとしている人生で初めて、神に祈ろうと決めたのだ。家では神について話すことはまったくなかったが、わたしはぎこちなくその神との対話を始めた。神について話す人が家にいないのだから、わたしには神との対話の方法はまったくわからなかった。

家に祈りの習慣がなかったと聞いて驚かれるかもしれない。なんと言っても、祖父はラビだったし、少なくとも教師になる前は祭司養成学校に通っていた。祖父はわたしたち全員にとって偉大な長老であったし、多くの人から信心深い人物だと思われていた。だが、神について語らないことは、祖父のユダヤ教の特徴だった。このユダヤ教は当時「イスラエリット」と呼ばれていたもので、共和主義的理性主義を中心に据え、ユダヤ教の家庭でのすべての儀式を守り抜く強い意識を兼ね備えながら、外部の人だけでなく自分の家族にも各自の信仰や宗教的しきたりの遵守については何も言うべきでないとして、極端なほど慎み深く実践されているものだった。

その晩、その祖父の家で、わたしは祖父には黙って人生で初めての祈りを唱えていた。子どもだったわたしの考えでは、それが死を宣告された者にとって最後の希望の光だった。少女のわたしは、自分の生死を握る未知の神に、交渉するような形でこう誓った。「お助け下されば、お約束します…

……」
十歳のその夜、神と交わした厳かな契約の正確な内容は思い出せない。ただ、自分より偉大な存在と契約を結んだという気持ちになったことは覚えている。わたしは祈り、泣き、また祈った。

そしてその夜、神はわたしに応えてくれた。火で燃えながら焼け尽きることのない柴の姿をとって神が現れたわけではない。またわたしの部屋にシナイ山を出現させたわけでもなければ、モーセの十戒を与えてくれたわけでもない。そうではなくて、わたしに救世主を送ってくれたのだ。

その夜遅く、祖父がアパートの反対側の部屋からやって来た。廊下を歩く祖父の足音が聞こえてきた。そうして、まるでわたしに何が起こったのかを知っていたかのように、祖父はわたしの部屋に入ってきた。

ベッドの足元に腰掛けると、祖父は何がこわいのか話してごらんと優しく促した。こうしてわたしは死の恐怖について話すことになった。最初に兄のおもちゃを盗んだこと、そして、どうしても我慢できずにそのプラスチックのレジンを噛んで味見するというとんでもないことをしてしまったこと、その罪の意識のあとに恐怖が襲ってきたこと、そして、それから自分のなかに死が入り込んできたことを話した。ユダヤ教では臨終が迫った人以外は、あまり告白をすることはない。だが、わたしはその習慣をまったく知らず、祖父の言葉に従ってすべてを話した。

後年、今度は自分がラビとなったわたしは、あの晩祖父が小さな孫娘の話から当然聞き取ったことを想像せずにはいられない。

あの時祖父は、そこにあるのは聖書の非常に古い物語と明らかに同じことばかりなのに気づいたはずだ。すべて、あるいはほぼすべてのモチーフがそこに盛り込まれていた。それはまるで、自分以外の全員が知っている物語を自分なりのやり方で演じている少女の恐怖のなかに、そのモチーフが復活したかのようだった。

その物語はこんなことを語っていた。

世界の初め、人間はもともと罪のない園《その》に置かれていた。この園は世界が七日間で創造され、まだ永遠の静謐が約束されている土地だった。このエデンの園に置かれた子どものような人間は、警戒するよう説く神の言葉にただちに耳を傾けることはなかった。神はこう命じた。「あなたは、園のどの木からでも思いのまま食べてよい。しかし、善悪の知識の木からは取って食べてはならない。それを取って食べるその時、あなたは必ず死ぬ[3]」

いったい、この禁止事項が破られないことなどあるのだろうか？　結局人間は誘惑に身をゆだねてその木の実を食べ、トーラーによると「目が開かれ」て、蛇の忠告が思っていた以上に狡猾なものだったことに気づく。いかなる人間も、木の実を食べた途端に死ぬことはない。アダムも、エバも、その子孫たちもそうだ。だが、一瞬にして、人間は知恵つまりいつかは死が訪れるという意識を獲得したのである。自分たちは死すべき運命にあると知った人間は恐れおののき、園の木の間に身を隠し、いちじくの葉で身体を覆った。そして神は、彼らがどこにいるかよく知りながら、「どこにいるのか」とたずねた。[4]

これは、彼らの実際にいる場所にかかわる問いかけではなく、永遠の実存にかかわる問いかけだ。死に対して目が開かれた人間には、自分の居場所がよくわかっている。つまり、自分は今後は生まれた世界から引き離され、生まれた頃の純真さを失って、生まれた園から永遠に追放されるということを知っているのである。

わたしの恐れの理由を聞くと、祖父は立ち上がって、歴史の流れ、つまりわたし自身の『創世期』を変えるようなことをおこなった。食堂に行き、わたしがテーブルにできるだけ目立たないように置いてきた、齧ったレジンのおもちゃを取りにいったのだ。戻って来ると、祖父はわたしの横に座った。

それから、わたしの目をまっすぐに見ると、それを自分の口に運んで大きな塊を齧り取り、くちゃくちゃ噛んで飲み込んだ。そうしてわたしを優しく抱きしめると、お休みと言って出ていった。

その晩、わたしは自分が死なないと納得したわけではなかった。というのも、飲み込んだ塊が完全に無害だという証拠は得られなかったからだ。けれども、わたしはそんなものよりもずっと重要な

3 『創世記』2章17節
4 『創世記』3章9節

「神の啓示」を自分が受けたことを理解した。それは、自分の世界で最も賢い人である祖父が、楽園を追放されるわたしと一緒に来てくれたということだ。「私はおまえのそばにいる。そのためならばエデンの園だって出ていこう。死に直面しても決しておまえを一人にはしない」祖父はわたしにそう伝えてくれたのだ。

その夜、ずっと遅くなってから、ようやくわたしは眠りについた。

翌朝、目が覚めると、救われたという気持ちになっていた。祖父は昨夜の話は二度としなかったし、わたしもそうだった。わたしたちはこの秘密を抱え、また元の「イスラエリット」に戻った。つまり信仰や宗教的しきたりや恐怖さえも自分たちの胸に納めておくユダヤ教徒に戻ったのである。だが、この晩、祖父とわたしの間では、何かが決定的に変化した。そしてそれは永遠に変わることはない。わたしはそう信じている。わたしたちは固い絆で結ばれたのである。

子ども時代のこの出来事を思い返すと、大人になったわたしは声を立てて笑い、肩をすくめてしまう。そしてこのおびえた小さな女の子にこう言いたくなる。「あなたにはなんの危険もなかったのよ。あなたの豊かな想像力と罪悪感が恐怖をもたらしただけなの」と。

けれども、わたしのなかにはその時のことを時々話しつづける子どもがいる。その子はその夜、非常に現実味を帯びた経験をした。それは死との出合いだ。

その子は、暗闇のなかで、いつか死が再びやって来るという恐ろしい意識への扉が開いたことを知っている。ちょうど、マルクがこれと同じことを知っていて、エルザへの手紙で語ったように。

この開いた扉はおそらく大人になった今のわたしと大いに関係がある。この扉を通して、わたしは多くの問いや探求、恐怖や祈り、そしてそれだけでなく、この世には救済の可能性があるという思想への信頼を自分のなかに取り込んだのである。この希望にはたくさんの名前がある。これを神と呼ぶ人々もいるが、ユダヤ人はあえてこれに名をつけないことを選んでいる。その名は神聖で口にできないものだ。ユダヤ人はその名を口にするのを拒むことによって、その力は無限で、枠にはめる言葉を超えた存在であることを認めている。それにはいくつもの顔や姿かたちがあり、ある時には救世主、ある時には秘密の姿をとっている。


あの晩、わたしにはなんの危険もなかったこと、そして毒で死にかけていたわけでもないことを今は重々承知している。だが、薄暗がりにいた自分が、祈りの言葉と偉大な祖父のおかげで救われたことも同じくらいよくわかっている。

子ども時代というエデンの園を追われた瞬間、わたしにはもう戻る道はないことがわかっていた。十歳という年で突然の恐怖に襲われ、わたしは「生存者」となったのだ。

わたしの耳には、エルザの声が響いている。エルザはマルクに向けた言葉、また、マルクを通じていつか読みたいと思っているすべての人に向けた言葉と同じ言葉を使ってわたしに答えている。「突然の恐怖という感情、これはなんでしょう？　それは非常に強い〈見捨てられる〉という気持ちで、これによって、**あなた**の歴史についてあなたには語られていなかった何かが再び活発になったのです」

祖父母の家で、ある晩わたしは死と出合った。死は、わたしが自分の歴史をすべて聞いているわけではないと言いに来た。そして、わたしのエデンの園にはたくさんの幽霊がいて、秘密があり、それらは木々のように生えていると言った。そのなかには、究極の善悪の知識の実、今まで一度も語られなかった歴史の知識の実のなる木がある。その木は「生存者」の木で、わたしはその木から生まれた。死はそう知らせていった。

その木はほかの場所にも生えていて、父方の祖父母の家だけでなく、母方の家族の荒れた庭にも生えていた。わたしはビルケナウ〔ポーランド南部の村ブジェジンカのドイツ語名。第二次大戦中、ナチスドイツのユダヤ人強制収容所が作られた〕の野の、焼け尽きて灰になった木々、その針葉樹の木の実だ。ビルケナウには一度も連れていかれたことはなく、何かを話してもらったこともない。だが、引き抜かれて別の場所に植え替えられたこの木々の、苦い樹液がわたしに伝わって、わたしのなかを流れている。

十歳のこの夜、わたしはたとえ死の危険を冒してもこの記憶を味わおうと決意した。

三十年後、エルザとマルクの旅立ちをそれぞれ見送ることにより、二人の文通と歴史の力のおかげで、わたしは自分の歴史を再び見直したのだった。

二人のサラ

世代のかご

ある女性の息子さんから電話があった。母親を亡くし、明日パリ近郊の墓地でおこなわれる葬儀の司式をわたしにしてほしいのだという。

「私たちはあまり信心深い方ではありません。ですが、母はカッディーシュを唱えてほしいと思っていると思うのです」と息子さんは言う。この言葉をあまりにもよく聞くので、わたしには、話している人がこの言葉でほかにどんなことを言いたいのか、それをすべて理解しようと耳を傾ける習慣がついている。この言葉はほかの言い方をされる時もある。たとえば「おわかりいただけるでしょう、私たちは〈善いユダヤ人〉ではありません。ですが、それでも伝統的な葬儀をしたいのです」

自分が善いユダヤ人ではないと言っていること以上に、その人が善いユダヤ人である証拠となるものはない。そして、自分がこうあるべきだというユダヤ人ではないと思うこと自体、その人がとてもユダヤ人的であるということなのだ。本当だったらわたしはこう説明したいのだが、それはもうあきらめている。どちらかと言うと、概して疑わしいのは、自分が「しかるべき完全な」人間であると確信している人の方だ。ユダヤ教では、すでにユダヤ教徒である人には、ユダヤ教徒になるための審査はおこなわない。優等生名簿もなければ、点数をつけて良し悪しを評価したりもしない。けれどもみな、ほかの人から見れば、自分の料理は食事の戒律の守り方が甘く、自分の宗教的しきたりの遵守は厳格ではないという自覚があるのだ。だったらもうそれでよい。

だからその人は、話の最初に「私たちは善いユダヤ人ではありません」と言い訳をしたのだ。その言葉に「わたしもです。ですから、得意になるのはやめましょう」と答えたかった。だが、冗談を言ってよいような状況ではない。ただ、こんな話があるので聞いてほしい……。

二人のラビがニューヨークのタクシーの後部座席に座っていた。一人のラビが言った。「私は平凡極まりなく、取るに足らない人間です」すると、もう一人のラビが輪をかけて大げさにこう言った。「私の方こそ、ちりのなかのちり、はかなく不完全でまったく価値のない、煙のような人間です」するとタクシーの運転手が二人の方に振り向いてこう言った。「では、お偉いラビの先生方、お二人のように賢くてもちりや煙のような人間なのだとしたら、この私なんぞはなんの取り柄もない無価値な存在で、哀れなゴミ屑ということですね……」二人のラビははたと顔を見合わせて言った。「いやはや、まったく。このお人はいったい何様のつもりなのだろう?」

ユダヤの知恵は多種多様な方法でこれを肯定し、そういうジョークもある。というのも、偉大さは言い表せるものではなく、偉大さを備えた人はなおさらそうはできないものだからだ。自分が取るに足らない人間だと言えるためには、とんでもなく偉大である必要がある。したがって、自分が「しかるべき」人間だという確信がある人は、逆説的にあまり正当でない人間だということになる。

善いユダヤ人でないわたしたちは、わたしがよく待ち合わせをするカフェで会った。これは少々非常識に思われるかもしれないが、わたしは、故人の話をするのには、少しでよいから生きている人たちに自分の周りにいてもらいたいのだ。カフェの人々が盃を上げるのを見て、「LeH'ayim《レハイム》（命に／人生に乾杯！）」と言いたいのである。

その男性は一人でやって来た。席に着くと、同時に、亡くなったお母さんのサラが息子の言葉のなかに現れて、話に加わった。サラは一人息子が話す自分の人生に静かに耳を傾けていた。というのも、サラは生前も口数の少ない人だったのだ。わたしにはすぐに彼女のことがわかった。年配のユダヤ人の沈黙は、わたしにはとても身近なものだった。わたしの子ども時代、その沈黙はとても雄弁なものだった。それは「生存者」の沈黙だ。

話の最初から、わたしには彼女の人生は語ることのできないものであることがわかっていたが、それでも息子さんは話しつづけた。どんな言葉や日付も彼女の身に起こったことを伝えることはできないし、それを話すには黙ることしかできない。そのことを二人ともよくわかっていたが、それでも、彼は母親がどんな人だったのかをわたしに伝えたかったのだ。おそらく一世紀よりも少し長く生きた人だった。一九五〇年代にフランス行政機関が発行した証明書によると九十七歳で死亡したことになっているが、息子さんの計算では絶対にもっと年をとっているという。そうでなければ日付がしっくりこないというのだ。

実際、しっくりくるものなど何もなかった。彼がわたしに語る話は、どれもが悲惨極まる様々な出来事が集まったものであり、サラを襲った際限のない不幸は百年の人生には収まりきらないものだった。

サラは小売商の夫婦の一人娘としてハンガリーのブダペスト近郊に生まれた。幼い頃に両親が殺され、サラはおばに預けられた。貧困のなかで成長した彼女は、結婚してリヴカという娘を授かった。だが、母となってすぐ、夫が病気で亡くなった。そして戦争が始まって、彼女はさらにのっぴきならない状況に追い込まれた。一九四四年の夏、おばとまだ幼い娘のリヴカとともに、アウシュヴィッツに送られてしまうのである。収容所に着くとサラはすぐに二人と引き離された。愛する娘を取り上げられ、無理やり連れていかれてしまったのである。こうして娘はおばとともにガス室に送られた。サラはこの強制収容所送りを生き延びて、一九四五年にたまたまたどり着いたパリに身を落ち着けた。いくつもの臨時仕事をかけもちして生活と言えるものを立て直そうと努め、日付と証拠となる証明書のない名誉にかけての申告によってなんとか身分証明書を手に入れた。そして、同じように収容所を生き延びたミシャという男性と出会う。二人は家庭を築き、息子を一人もうけた。それが母親の歴史をできる範囲で語ってくれた「善いユダヤ人でない」この男性だ。だが夫婦仲は良くなく、イディッシュで怒鳴り合ってばかりいて、結局離婚した。サラは低賃金で必死に働いたあと、雀の涙ほどの年金でその後四十年を一人で生きた。唯一の慰めは、ごくたまに訪ねてきてくれる息子と、めったに来ることのない二人の孫たちの顔を見ることだった。

「母はとても厳しい人でした」息子さんは、まるでそんなつらい人生を経験してもほかの生き方ができるとでも思っているかのようにこう言った。ホロコーストの生存者の子孫の家族の大半は、この特徴的な厳しさを知っている。彼らはこの厳しさをもっていたから生き延びることができたのだろうか。それとも生き延びるためにそのような厳しい人になったのだろうか。この問いに答えることはできない。

ただ、このような家では、コミュニケーションが複雑なことが多く、会話よりも怒鳴り合うことの方が多かった。わたしの友人で、同じような境遇の人を親にもつ男性が、こんなことを言ったことがある。「イディッシュはわめかないと話せない言葉だと思っていた」と。

サラの息子さんが母親のことを話すのを聞いて、わたしはこれを明日の葬儀に集まった近親者にどのように話そうかと考えた。その人たちの胸に何を響かせるべきなのだろうか？　サラの子孫や集まったすべての人、つまり、二十世紀のこの悲惨な歴史について、そしてハンガリーのゲットーの哀れな孤児について、何ももしくはほとんど何も知らない人たちに、何を言うべきなのだろうか？　サラの人生について語るべきなのか、それとも、彼ら自身もその世紀の子どもである、二十世紀の人類の歴史について語るべきなのだろうか？

サラの世代はすでにわたしたちのもとを去り、もうじき、ホロコーストの生存者も、その経験を直接語れる証人もいなくなってしまう。そのため、彼女はわたしたちが見送ることのできるこのような最後の犠牲者のうちの一人だと言うべきなのだろうか。

もちろん、すべてを言うべきなのは明らかだ。一人の女性の歴史にどれほどの全人類の歴史の重みがかかっているかを言うべきだ。それも同時代だけでなく、ずっとのちの世代の人々も「それ」が起こったことを意識しながら生きていかなければならないほどの歴史の重みがかかっているのである。サラについて語るには、彼女の歴史だけでなく人類の歴史を示し、この女性を通して、人類が人類に対しておこなった暴挙を、すべての世代が忘れないように伝えなければならない。

ヘブライ語では「世代」は dor《ドール》という。この言葉は儀式や典礼によく見られる。たとえば「世代から世代へ」は Midor ledor《ミドール・レドール》、「あらゆる世代で」は beH'ol dor vador《ベホル・ドール・ヴァドール》という。主よ、わたしたちはあなたのために歌います、あなたを讃えます、あなたを信じます、わたしたちのために介入してくださると知っています……。こうした世代を超えた希望や信頼の言葉は祈禱書に必ず現れる。

ユダヤ人の歴史とユダヤ人が見舞われた大きな悲劇や悲惨な事件の連続を知ると、少々皮肉な気持ちになってこんなことを考える——すべての世代で奇跡による神の介入を感謝することを、一度やめてはいけないだろうか？　ただ、そうしてもしなくても同じかどうか見るだけのためにでも、やってみてはどうだろう、と。

dor《ドール》という言葉は「世代」と訳されるが、実はもう少し複雑で、この言葉は本来、かごを編むという行為を意味する。その比喩は単純だが心をとらえるものだ。かごを編むには、一つ前に編んだ整然と並んだ列の間に糸や藁を通さなければならない。かごは常に下から上へと編まれていく。新たな列は、それを生み出した列と結びつき、そこにしっかり根を下ろしている。そしてその新たな列が、次の列を生み出して、今度は自分がその堅固な土台となる。

だから簡単にこの比喩を理解することができる。つまり、ヘブライ語の「世代」はかごの一列なのだ。それは前の列の力に結びつき、次の列の安定の土台となる。

家族でも、かごを編む工房で起こるように、引きちぎられたりもろくなったりした一列が、構造全体を危険にさらしたり、でき上がったかごをすっかりほどいてしまうことがある。それは上から下、下から上の両方向から起こる可能性がある。

ホロコーストは、サラのかご、そして彼女の家族全員やわたしやその他大勢の人々のかごに「編むことのできない」大きな穴を開けた。この近親者の死のどれもが「ほつれ」を生み、ほつれはなんとかして引きちぎられた糸にしがみつき、かごにうわべばかりの形を与えた。

ホロコーストの生存者である両親の負った傷があまりに深いために、文字通りかごが逆さになっている子どもたちがいる。わたしはそうした子どもによく出会う。ホロコーストの「あとに生まれた」子どもたちは、しばしば自分を生んだ親の親となった。あとから生まれた世代が親の歴史の網目に逆方向につかまれるように、歴史の方向が逆になったのである。

戦時中に子を失った人を親にもつ子どもは、かごをより細やかに編んでいかなければならない。両親の親にならなければならないと同時に、失った兄や姉の代わりも務めなければならないからだ。幽霊にしがみつき、自分を生んだ心のすさんだ親たちをしっかりと網目に固定しなければならないのである。

この「あとに生まれた」子どもたちは自分の親の親になり、この不可能な任務を負って大変な努力をし、親たちを守り、叱りつけ、責任を全うしようとした。

しばしば、子どもたちは親たちを救おうとした。ホロコーストでもほかの悲劇的な事件でも、どの子どももそうしようとする。そして先祖に救済をもたらして、自分たち以前に生じたすべての不具合を正すことができると信じ、いつの日か、自分を救世主だと思い込む。

この「子ども救世主シンドローム」は、心に深い傷を負った家庭では、そうでない家庭と比べて信じられないほど多く見うけられる。

悲惨な事件や近親者の死は、この修復の試みをさらに常軌を逸したものにする。死者をよみがえらせることができるのでない限り、そんなことは失敗するに決まっているのだから……。ある人々は、そのような企てがどれほど無駄で実現不可能なものかを理解して、最終的には新たな出発をして、生存者である両親に生きる気力を起こさせるため、「ほかの場所でかごを編み」にいこうと試みる。

生存者である両親を見捨てたり、離れていった息子であることを抱えて生きるのは決して容易なことではない。だから、どうして自分は「善いユダヤ人でないユダヤ人」で「善い息子でない息子」でいられるのか、自問しながら何年も過ごす恐れがある。

生存者も次第に亡くなっていき、わたしたちの知らなかったこと、彼らが語らなかったこと、そしてわたしたちがたずねなかったことが、あまりにも多いことに気づく。生存者が自分の本当の名前や生まれた町の名、そして殺された家族の歴史を明かさないまま亡くなることもある。サラの場合のように、わたしたちが本当の年齢さえ知らないこともある。そして、自分のもつわずかな情報も、生存者がフランスの役所に申告したのと同様に誤ったものなのではないかと思いながら、残りの人生を過ごす。

サラの息子さんと話をした翌日、わたしは墓地に早目に行った。サラの家族のかごとその散らばった破片がどのようなものなのか知りたかったのだ。サラから遠く離れたところで息子さんが誰と人生を築いたのか、彼を支えに来る友人がどんな人たちなのか、今日彼を力づける人々はどんな様子の人たちなのか知りたかった。ユダヤ人だろうか？　その人たちは彼の境遇について少しでも聞いているのだろうか？　わたしは今からどんな人たちに、あの忌まわしい歴史について話すことになるのだろうか？

墓地の入り口で、わたしは葬儀の始まりと指示を待っている人たちの間に入り込んだ。サラの息子さんはまだ来ていなかったので、わたしはただの知り合いのようなふりをして、最初に来た人たちと一緒に待って、彼らの様子をうかがった。最初は数人だけだったが、何分か経つうちに次第に人が集まってきた。知り合い同士もいるようで、あたりさわりのない言葉を交わしていた。ほかの人々は黙って待っていた。わたしに何かたずねてくる人はいなかった。

おそらく埋葬の許可を取ってきたのだろう、とうとう葬儀の責任者がわたしたちのもとにやって来た。「マルシャン夫人の葬儀にご参列の方、墓所の方に参りましょう」

小さなグループが動き出し、ほんの少し経ってから、わたしはやっとわかりきったことを理解した。わたしは列をまちがえていたのだ。

わたしはまちがった葬列にはまり込んでいた。どうしてもこの見知らぬ人々にサラの話をしたいと思ったり、悲しみが一つ増えようと関係のない、ここの遺族たちにサラのことを少し知ってもらいたいと思えば話は別だが、することもなくそこに立っていた。

サラの息子さんはずいぶん遅くやって来た。わたしが墓所まで一緒に行くつもりだった棺は、おそらくもう土に埋められているだろう。わたしはそう思った。わたしは棺が墓地に入っていくのを見たし、もちろん、わたしはサラの「最初の埋葬」で一言も話さなかった。

彼はまっすぐわたしの方にやって来た。「行きましょう」そう言うと、葬儀の合図をした。こうして、わたしたちのグループ、つまりサラを送る本当の葬列はゆっくりと進みはじめた。その歩みはとてもゆっくりで、それでわたしは気がついた。サラを送るのは、息子さんとわたしだけなのだ。

サラの息子さんは一人で来ていた。サラを見送りに来た家族は一人だけだったのだ。

「私たちはあまり信心深い方ではありません。ですが、母はカッディーシュを唱えてほしいと思っていると思うのです」前日、息子さんはこう言っていた。ユダヤ教では成人男性が最低十名は集まらないと公的礼拝ができない。この公的礼拝のための十名以上の人数のことをミニヤンというが、この人はそれを知らないのだろうか？　だが、わたしは何も言わず、彼と一緒に埋葬の場所まで歩いていった。

ユダヤ教の伝統では、カッディーシュは追悼の祈りだけではなく、その人のために祈りを唱える人のことも指す。父親や母親が息子を紹介する際に、「これが私のカッディーシュです」と言うことがよくあるが、これは、いつか自分の墓でカッディーシュを唱えるのはこの子です、という意味なのだ。こんなふうにして、わたしはこの日、サラの「カッディーシュ」と二人だけでそこにいた。

棺は、墓地の小道の、空いた墓穴から数歩のところに置かれていた。その棺をはさんでわたしたちは向かい合った。棺の片側に、前日、母親について知っている限りのことを話してくれたサラの息子さんが立った。もう片側にはわたしが立ち、その話をそのまま彼に向かって繰り返そうとしていた。

昨日の話では、わたしはほかの人々に向かって話をするはずだった。わたしの言葉でサラを知ることになるはずの人々に、愚かな見栄から、素晴らしい賛辞を「奮発」しようと思っていた。けれども、結局、サラについて今自分の知っていることを話してくれた相手に向かって、サラのことを語っただけだった。

わたしはサラの息子さんに向かって、彼の母親の話をした。かつての世界、近親者を失う悲しみ、親から無理やり取り上げられた子ども、人生を立て直すこと、そして不可能な約束などについて語った。息子さんに、彼が話したこととは違って聞こえるように、彼の言葉を自分のなかで消化して、自分の言葉で表現した。

この日ほど、自分の役割と、司宰者がなんのために墓地にいるのかをよく理解した日はないと思う。遺族に寄り添い、彼らが知らない何かを知らせるためでなく、彼らから聞いたことを自分のなかに吸収し、今度は彼らが聞けるように、自分の言葉で伝えるためなのだ。そして、そうやって彼らの口から出た物語が、とにかく少なくとも彼らのものではない声を介して再び確実に彼らの耳に戻って来るようにするためなのだ。その声は、彼らの言葉と、先祖伝来の言葉、つまり世代から世代へと「善い」ユダヤ人や「善いユダヤ人でない」ユダヤ人——とりわけ、それなりのユダヤ人——に伝えられた言葉との間に対話をもたらすものなのだ。

話をもとに戻そう。ラビの発する伝統の教えの言葉は世代から世代へと（midor ledor《ミドール・レドール》）伝えられてきたものであるため、その言葉にはかごに糸を加えて編みなおす力がある。

一人の男性や女性の歴史にその跡継ぎたちが新たに耳を傾けることにより、突然、そのほころびが少し繕われることがある。まさにそれがこの時、サラの墓で起こったことだった。

この日、わたしは、一人の男性に、母親がどんな人だったか、その男性から聞いた話以外には何も付け足さずに語った。だが、どうしてかは説明できないが、それはまるで、別のもう一つの人生の話のように響いた。

サラの息子さんは棺に近寄ると、母親の眠るその棺の木をそっと撫でた。彼は長い間泣いていた。そしてわたしにこう言った。「母はなんという人生を送ったのでしょう！」その時、彼がどれほど深くそれを理解したのかは、わたしにはわからない。

それから長い間、わたしたちは黙ってそこに立っていた。わたしは彼にどうして一人で来たのか、子どもたちはどこにいるのかたずねなかったし、子どもたちを祖母の葬儀に来させない方がよいとなぜ判断したのかをたずねることもなかった。というのも、わたし自身、かつて彼の子どもたちと同じ立場にあったことがよくわかっていたからだ。

ラビの役割を果たしているうちに、わたしは、サラの境遇がどれほど自分のよく知ったものだったかを単に忘れていた。同様に、彼女の境遇が、どれほど自分の家族、というよりも、もう一人のサラつまり祖母のものと同じだったかということも。

東欧を弧状に横切るカルパティア山脈に生まれ、自分の子どもとともにアウシュヴィッツ・ビルケナウ強制収容所へ送られて、二度とその子に会えなくなった若い女性。この女性は収容所を生き延びて、その後固く口を閉ざした。それが祖母だ。戦後、母とおばを産んだ彼女は、自分の人生や、以前の自分の生活について一言も語ろうとしなかった。特に娘たちには絶対に。娘たちは母親のあとも生きていくために、母親の心がどこかにないか、外国に見に行った。そして今度は彼女たちがこの歴史を自分の子どもたちには秘密にし、まるでたとえ破れていてもかごはもちこたえ、ほぼきちんとした形を保っていられるかのようなふりをした。

祖母が亡くなった時、母はわたしを祖母に近づけないようにした。わたしは葬儀にも出させてもらえなかった。十二、三歳だったわたしを葬儀に参列させることは一瞬も検討されなかった。わたしは祖母の人生を知るべきではないと考えられていたし、カッディーシュは孫たちのいないところで唱えると決められていた。その日、母の周りに何人の人がいたのかわからない。わたしが葬列に加わること、またそうしたいと頼むことさえ論外だったのだ。

母は兄とわたしが墓地に行くことも禁止した。アシュケナズィ〔ドイツ・東欧系ユダヤ人〕には、子どもを死に近づけてはならないという古い迷信があるからだ。そうすることによって死を厳重に遠ざけられると考えたのだろう。

幼い少女だった頃のことだ。ある日のこと、当時時々わたしたちの子守をしてくれていたおばあさんが、自分の夫の眠る小さな村の教会の近くの墓地にわたしと兄を連れていってくれた。わたしたちはバケツにいっぱい水を入れ、その水を墓所にかけて、大理石の墓石とおばあさんの旦那さんの写真をピカピカに磨いた。その時のことは幼いわたしの楽しい思い出となった。だが、あとになってそれを知った母は激怒した。それ以来、その子守のおばあさんの姿を二度と見ることはなかった。

何年もの間、わたしは死から遠ざけられていた。そのため、今日《こんにち》わたしが大理石に刻まれた墓碑のそばで死と接して過ごす時間は、母たちがわたしを死から守ろうとした事実と無関係ではないと思わずにはいられない。わたしには、自分がこれほど頻繁に来ている墓地という場所に、自分には決して見つけられないものを探しに来ているのだと思うことがある。それは、わたしが参列できなかった葬儀に立ち会うことだ。祖母が埋葬されるのを見て、「祖母はなんという人生を送ったのでしょう！」と言うことなのである。

サラの葬儀の日、墓地を出る際に、わたしはサラの息子さんに墓地から帰る前の「善いユダヤ人」の慣習に従おうと言った。墓地を出る前に手を洗うのだ。

それは象徴的に死の場所と生の場所という二つの場所を切り離し、タルムードが死体の穢れと呼ぶものを墓地に置いていくことなのである。

もちろん、これらはみなとても象徴的なことだ。わたしたちは身内の故人をその身に抱えてあちこちに運んでいるし、死者が墓地で休んでいるなんてことはありえない。生と死とは完全に切り離されることはないし、流れる水によって身内の死を寄せつけないようにできるわけでもない。

だが時折、この禊が、水にくぐらせたかごのようにかえって網目を縮め、こうしてわたしたちと故人との絆を強めるのだと言っているように思うことがある。そうやって世代から世代へと絆を強めていくのだと、そう言われているような気がするのだ。

マルセリーヌとシモーヌ

最後の審判の日に

マルセリーヌはよく自分を「ビルケナウの少女」のようだと言っていた。この表現を使う時、彼女はサラやわたしの祖母のような、収容所を知り、あの地獄を耐えて生き延びた何百万もの女性のことを言っていたのではない。彼女はそのなかのある人々のこと、彼女に自分と同じ素材でできていると思える人たち、とりわけそのなかの一人である友人のシモーヌのことを言っていたのだと思う。

この表現にわたしはいつも驚いた。彼女はまるで「メニルモンタンの下町っ娘《こ》たち」とか「ロシュフォールのお嬢さんたち」とでも言うように、もしくは秘密クラブを指すかのように「ビルケナウの少女たち」と言っていたからだ。このギャップのある言い方がマルセリーヌの特徴だった。彼女は人の予想や期待を必ず裏切ることに決めていた。発言でも政治的選択でも、彼女の反骨精神を物語るその髪でも。

彼女のぼさぼさの長い赤毛には、教条主義者や保守主義者、そして全世界や神にさえも悪態をつく横柄さがよく表れていた。特に神は信じず、よくののしっていた。

マルセリーヌはわたしのことを「あたしのラビ」と呼んでいた。わたしたちはよく有名なユダヤのジョークを言い合って、まるで二人とも初めて聞いたかのような調子で面白がっていた。たとえばこんなジョークだ。

収容所を生き延びた二人がホロコーストをネタにブラックジョークを言っていた。と、そこに神が通りかかり、二人の話をさえぎった。「あなたたちは、あの悲惨な事件をどうして笑いの種にできるのか」すると二人はこう言った。「あなたにはわかりませんよ、だってあなたはあそこにはいなかったんですから！」

マルセリーヌは偉大な神学者で、アウシュヴィッツにおける神の不在について、そして、人生で聖なるものと言える唯一の話題、女性のオルガスムスとウォトカの素晴らしさについて、くわえ煙草で論じることができた。

それから、マルセリーヌはシモーヌの友だちだった。二人を結びつける絆のとてつもない力は、二人がともに味わった地獄の言語に絶する記憶だけから来るのではなく、二人を対照的に見せているすべてのものから来ていた。たとえば、きっちりとお団子に結い上げたシモーヌの髪とぼさぼさのマルセリーヌの髪は、まるで二人の違いを誇張して面白おかしく描いた絵のようだった。二人の政治参加や人生の選択も正反対だった。一人にとって重要なのは義務の絶対的意味、一貫性や家庭生活の意味。もう一人にとって重要なのは完全な自由。つまり政治的自由や恋愛の自由、そして母になることへの拒絶だった。

ダヴィ・トゥブールがシモーヌ・ヴェイユにささげたドキュメンタリーに、[5] 忘れがたいワンシーンがある。二人の女性がベッドの上で、磁石の二つの極がたがいにくっつくように身を寄せ合って、少女のようにおしゃべりをしているシーンだ。その様子にわたしたちは強く魅了される。

政治家のシモーヌ・ヴェイユと女優で映画監督のマルセリーヌ・ロリダン＝イヴェンス。二人の友情は、わたしやわたしと同世代の多くの人々にとって、手本以上のものとなり、旗印となった。二人は、自分たちがわたしたちに何を教えたのか気づいていたのだろうか？

わたしにとって、シモーヌとマルセリーヌは、少々使い古された「立ち直る力《レジリエンス》」という言葉が今日表すものの姿である。かつてのわたしである口を閉ざした生存者の少女にとって、彼女たちの姿は言葉を取り戻す可能性を体現したものであり、自分が経験したことだけでなく、自分が選択した行為について、なんの遠慮もなく話してよいのだという信念を体現したものなのだ。シモーヌとマルセリーヌの政治と映画への、そして恋愛へのアンガジュマン（選択した行動に対して責任をもって参加すること）は、わたしに「立ち直る」とはどういうことなのか、そして、どうすれば他者が立ち直れるようにできるのかを教えてくれた。彼女たちはこう言った。「わたしたちにはこんなことが起こった。

だけど、忘れないで。わたしたちに起こったことが、そのままわたしたち自身ではないのよ。それだけではなく、こうした事実があっても、世界を立ち直らせる一つの形に身を投じることができるということなの。それは、今まで苦しみに耐えたからといって、怒りをぶちまけるためになんでもやっていいと言うような、犠牲者ぶりを競うようなものとはまったくかけ離れたものなのよ」

彼女たち二人を通して、彼女たちの複雑な選択やジレンマのなかに、女性の置かれた状況も語られているように思えた。「同時にシモーヌとマルセリーヌの二人になることができなければならない」わたしはしばしば自分に向かってそう言った。義務と自由の両方を重んじ、自主性を放棄することなく、アンガジュマンの力を体現する女性になるのだと。今でも、わたしの頭のなかでは、時々シモーヌとマルセリーヌが言い争っている。

シモーヌがマルセリーヌに言う。「行儀よくしなさい。なすべきことをなし、役立つ人間になるよう努めなさい」すると、マルセリーヌが言い返す。「まずはそういう愚かさから解放されなさいよ。それから猛烈に愛すること」戦いに勝つのはほとんどシモーヌだ。けれどもフェミニストのマルセリーヌは腹のなかでは笑っていて、自分が負けたわけではないと知っている。

わたしはよく、自分がこの二人のうちの一人に完全に取って代わられて、もう一人から解放されたと思っている女性から連絡をもらうことがある。わたしはその人たちになんとかこう言うようにして

5 『シモーヌ・ヴェイユ——あるフランスの歴史』ダヴィ・トゥブール、二〇〇四年

いる。「ビルケナウの少女たちを厄介払いできると思ってはいけませんよ！　あの子たちを黙らせることは絶対に誰にもできないんですから」

童話ではよく妖精が出てきて、生まれたばかりの赤ん坊のゆりかごに身を乗り出して、幸運を祈ったり才能を与えたりする。わたしは、シモーヌはわたしの世代の女性の味方の妖精なのだと何度も思ったことがある。そうしてわたしたちのゆりかごに身を乗り出して、強力な約束の呪文をささやいてくれたのだと思うのだ。わたしが生まれた一九七四年十一月、まさにその時、彼女の声は国民議会で厳かな誓いを立てていた〔十一月二十六日、当時の保健大臣シモーヌ・ヴェイユが人工妊娠中絶合法化法案を提出。反対派からの非難を浴びながらも二十九日に可決され、翌年一月「人工妊娠中絶に関する一九七五年一月十七日付法律第75－17号」公布。「ヴェイユ法」と呼ばれた〕。「わたしはまず、女性としての確固たる意見をみなさんと分かち合いたいと思います」彼女はこう言うと、次のように述べた。「ほとんど男性が占めているこの議会で、そうさせていただくことをお許しください」

むかしむかしあるところに一人の女性がいました。その女性はいわゆるお詫びをしてみせながら国会議員たちに呼びかけました。けれどもわたしたちはよく知っています。彼女が話しかけていたのはわたしたち女性なのだということを。彼女は明日を担う若い娘たちに、これからは、彼女たちの誰一人として、自分のなりたいものになるのにお詫びを言う必要はないのだと言っていたのです。わたしたちが贈り物としてもらったこの解放の約束は、生命に関して女性に割り当てられた役割、つまり母になれという命令を超え、わたしたち女性に自分の人生の時間を選ぶ自由を与えてくれたのです。

二〇一七年六月三十日。シモーヌ・ヴェイユの亡くなったこの日、わたしは遠い昔のイディッシュの伝説を思い出した。ほとんど知られていない物語で、そこにはスコッツルという名の人物が登場する。スコッツルは妖精ではなく、ほかの人々と同じごく普通の人間だ。男たちはこの話を娘たちから隠そうとしたが、それには納得できる理由がある。既成の価値観を覆す、男たちには都合の悪い話だからである。それはこんな話だ。

ある日のこと、不当な仕打ちに疲れ果て、女たちが解放を求め、ほかならぬ神の御前に代表を送って自分たちの利益を守るために訴えてもらおうと決意した。

女たちは、全能の神に向かって自分たちの権利を主張させる代弁者として、最も学識豊かで雄弁な弁護士であるスコッツルを選んだ。世界中のすべての女が集まって、人の肩に登っては自分の肩に人を乗せ、天にも届く巨大な人間ピラミッドを築いた。そうしてこの人間で作った巨大な足場のてっぺんにスコッツルを乗せた。

不運なことに、このピラミッドの下の方で一人が一瞬バランスを崩し、倒れる時にほかのみんなを巻き添えにした。ようやく起き上がり、全員が無事であることを確かめたあと、みなはスコッツルがいないことに気がついた。
伝説によると、この出来事以来、スコッツルは天にいて、今も神に向かって女たちの弁護をしているが、いつか彼女が戻って来る時にはすべてが一変しているはずだという。彼女の帰還は新たな時代、つまりついに獲得された平等の時代の到来を告げるものとなるのだ。こうして、誰か女性が突然部屋にやって来た時には、人々は「Skotzel Kumt!《スコッツル・クムト》（スコッツルが来た！）」と言って迎えるようになった。良い知らせをもってスコッツルがとうとう戻って来たのかもしれないからである。

シモーヌが亡くなった時、わたしはマルセリーヌにこの話をした。わたしたちのスコッツル、わたしたちの学識豊かで雄弁な弁護士、国民議会で男性議員たちを前に、あれほどまでに鮮やかに女性の利益のために演説をしたシモーヌは、女性を代表して天の法廷で発言するために旅立ったのだ。マルセリーヌもまったく同じ意見だった。抗弁する側の弁護士たちは当然ぼろぼろになっているはずだ。シモーヌは良い知らせをもってすぐに戻って来るだろう。

シモーヌの葬儀の準備が進むなか、わたしはシモーヌの息子のジャンとピエール＝フランソワから電話を受けた。アンヴァリッド〔廃兵院。パリの歴史的建造物の一つで、ナポレオンの墓のあるドーム教会や軍事博物館などが併設されている〕の中庭での国葬のあと、モンパルナス墓地でユダヤ教の内輪の葬儀がおこなわれることになっていた。「わたしの葬儀には必ずカッディーシュを唱えなさい」シモーヌは息子たちにそう言っていたそうだ。二人は自分たちの傍らで、そしてフランスのユダヤ教の宗教上の代表者であるチーフ・ラビ、アイム・コルシア師の傍らで、一緒にカッディーシュを唱えてくれないかとたずねてきた。自分たちの祈りとともに女性による祈りが唱えられるのが重要だと彼らは言った。

シモーヌの葬儀の朝、マルセリーヌとわたしはアンヴァリッドの中庭に隣り合って並んだ。マルセリーヌはいつものように「あたしのbalagan《バラガン》［原注：ヘブライ語で「めちゃくちゃ」の意味］・ネックレス」と呼ぶ大きなネックレスと、たくさんの指輪や動物の形のブローチを身に着けていた。彼女の全身から生が輝きを放ち、身に着けた輝く石や鮮やかな色が死の影を追い払っていた。音楽が鳴り、共和国衛兵隊に担がれた棺が中庭に入ってくると、マルセリーヌはわたしを肘でつついて誇らしげに言った。「ほら、あれがあたしの友だちだよ！」その意味は、彼女の言葉では「死なんてくそくらえ！」であり、わたしの言葉では「LeH'ayim《レハイム》（命に／人生に乾杯！）」なのだ。

ジャンとピエール＝フランソワは母親に賞賛とユーモアに満ちた素晴らしい追悼の辞を述べた。ある日のこと、と彼らは語った。二人のうちの一人が食卓でしゃべっていると、その内容が女性差別的だと思ったシモーヌが、息子の考え方を改めさせるため、ただ黙って水差しの水を頭にぶちまけたという。

次に共和国大統領エマニュエル・マクロンが追悼演説を始めたが、ものの数分もしないうちに「ビルケナウの少女」マルセリーヌがこう言った。「ねえちょっと、あたし、今そこで爆竹を鳴らしたいんだけど、あんた、それまずいと思う?」わたしたちは子どもみたいに思わずぷっとふき出した。マルセリーヌは上でもわたしよりずっと気持ちの若いマルセリーヌは笑いを抑えられないようだった。年ヌはこう言っていた。人は一生、心に傷を負った年齢から年をとらない。自分は十五歳で捕らえられたので、自分の年齢もそこで止まっている。だから反抗的なティーンエイジャーは、自分のなかから絶対に出ていかないのだ、と。

アンヴァリッドの中庭での国葬の最中、しかも大統領の追悼演説中のことだ。周囲の女性たちのなかには、わたしたちの方をにらみつける人や眉を顰める人もいた。わたしには、その人たち一人一人のなかにいるシモーヌから「行儀よくしなさい」と大声で言われているような気がした。マルセリーヌはいつもと変わらず、そんな声は聞こえないようなふりをしていた。

演説の最後でマクロン大統領がシモーヌ・ヴェイユを国の偉人の合祀されるパンテオンに埋葬すると発表すると、マルセリーヌは満面の笑みを浮かべ、大きな音を立てて拍手喝采した。「シモーヌにとって素晴らしいことだよ」マルセリーヌは言った。「だけど言っておくけどね。あたしはパンテオンには入れないでよ。あんなところに行ったらうんざりするに決まってるんだから」

そのあと、モンパルナス墓地でマルセリーヌは言葉を述べ、友人のシモーヌがどれほど優れた全員の「手本」であったか、「ビルケナウの少女たち」のなかでどれほど際立って美しかったかを語り、シモーヌのその魅力が生涯にわたってあらゆる人に影響を与えたことを語った。それが終わると、シモーヌの息子たちが墓のそばでカッディーシュを唱えた。彼らの希望通り、二人のラビ――一人は男性で一人は女性――が彼らの脇に立ち、ともに代々伝わる祈りの言葉を唱えた。

「Yitgadal veyitkadash shemei rabba《イトガダル・ヴェイッカダシュ・シェメイ・ラバ》……」

ある人々が考えるのとは対照的に、カッディーシュは死者の祈りではない。カッディーシュは死の旅立ちや悲しみを語る祈りではなく、神の栄光を讃え、頌詩を歌い、長い連禱の形式で神の偉大さのあらゆる面を列挙するものだ。

「Veyitadar veyithale veyitalal《ヴェイタアダル・ヴェイタアレ・ヴェイタアラル》……」――「気高く、高みにある神を称むべきかな」

そこでは、同じ響きが繰り返されるマントラのように、言葉がささやかれる。聞こえてくるその言葉はヘブライ語ではなくアラム語だ。

伝説によれば、神の使いである天使たちには、人間の祈りをもれなく天球に運ぶために、それを盗み聞きする力があるという。どの言語でも、地上で話されるどんなお国言葉でも、天使には人間の言うことがすべて理解できる。だが、唯一の例外がある。それがアラム語だ。では、この言語が天使たちには使えない理由を考えてみてほしい。

わたしたちが唱えるアラム語の祈りが天使に盗み聞きできないようになっているのは、そうすれば祈りが神に直接届くからである。数ある話のなかで、この小話はカッディーシュに魔法の祈りとも言えるような独自の地位を与えている。

ほかのタルムードの伝説には、カッディーシュには不思議な力があり、カッディーシュが最も力強い昇天の祈りだとするものもある。故人にささげるためにカッディーシュを唱えることは、故人の魂をいと高き天の国へと飛ばして、故人がすみやかに昇天し、その魂が再び神と一つになるのを助けるのだという。

カッディーシュがアラム語であることについてはもう少し平凡な説明もある。それは、タルムードのラビの時代には、ほぼ全員がアラム語を理解していたからだというものだ。追悼の祈りは誰もが理解でき、積極的な参加が求められる民主的な礼拝でなければならず、誰かが追悼の言葉を取り上げられるようなことは決してあってはならないことだった。

ユダヤ教には聖職者は存在せず、ラビのなすすべてのことは基本的にほかの誰かが述べたりおこなったりできるものである。ラビというのは共同体の人々がその人の学識の豊かさをよく知って、導き手として選んだ人物だというだけで、いかなる方法でも人間と神との仲介をする者ではない。したがって、カッディーシュはどんな人でも唱えることのできるべきものだ。ただ、一部の人々に言わせると違うらしいが……。

正統派ユダヤ教徒のなかには、カッディーシュの祈りを唱えることは男性の特権で、女性はこの祈りを唱えてはいけないし、唱えることはできないと考える人たちがいる。最も保守的な人々は、女性がカッディーシュを唱えることは、自分には就く権利のない地位を侵害する大きな違反行為だと考える。

この日、ヴェイユ家の人々の依頼によって、フランスのチーフ・ラビの隣でカッディーシュを唱えたあと、わたしは正統派ユダヤ教の大きなプレスリリース配信サイトで「捏造」という見出しの重大ニュースが報じられているのを見つけた。「いや、全国紙の報道はまちがっている。〝ラビ〟・オルヴィルールはカッディーシュを唱えていない」と。彼らにとって、女性であるわたしの行為は急いで否定しなければならないことだった。わたしの肩書を引用符で囲み、「いわゆる」という意味をつけてその正当性に疑問を投げかけ、同時に、このような違反行為が実際にあったと考えられることをなくそうとしたのだろう。後世のため、このような前例を作るようなことだけは絶対にあってはならない、と考えたようだった。

もしこれが、女性の権利のために闘った著名な女性の葬儀の日のことでなければ、このような逸話も笑ってすませられるのかもしれない。だが、そうはいかない。シモーヌ・ヴェイユの墓に女性の声によるカッディーシュを響かせることは、彼女の闘いの現代的意義を堂々と示すものだったからである。

もしも墓の向こうのシモーヌが、わたしたちにこのメッセージを送ろうと思ったのだったら、これほど良い方法はなかったのではないだろうか。女性の権利のための闘いには終わりがなく、獲得できたものはまだ何もないことをシモーヌ・ヴェイユは知っていた。シモーヌはことあるごとに、この闘いを進めるには、自分も中傷する側の一人だと思われないように、その人々の頭に「水差し」をぶちまけることも必要だと示してきたのである。
シモーヌは死に際まで「女性としての確固たる意見をわたしたちと分かち合」い、死後にも、誰もが自分の居場所をもてる墓所にカッディーシュを響かせて、それを続けた。その祈りには、彼女の闘いがどのようなものであったかが映し出されていた。

今日なお、長い間男性だけに占められていた——そして一部ではまだそうありつづけている——政界、宗教界、そしてすべての女性未踏地域《ノー・ウーマンズ・ランド》の議会で、シモーヌ・ヴェイユはわたしたち女性に、何も捨てることなく自分の選んだ道に思い切って身を投じろと促している気がする。ラビの職に至るわたしの道のりにも、彼女のその声が響いていた。女性が占める地位の可能性や正当性が疑われるたびに、その声は響きつづける。

一年後、マルセリーヌは友だちのシモーヌが祀られるのを見に、パンテオンの前に行った。祖国はビルケナウの少女に感謝の意を表した。それは、マルセリーヌが才能豊かな奇術師にも匹敵するほどの華麗な手品を使い、類まれな方法で別れを告げる直前のことだった。マルセリーヌのその腕前は素晴らしいものだった。

何かを出現させたり消したりする時、奇術師はほぼ完璧なイリュージョンで観客を魅了する。アブラカダブラ……。これがアラム語であることを知っている人はほとんどいないが、この言葉はお決まりの呪文としてみなに知られている。

アラム語では「Abracadabra《アブラカダブラ》」は文字通り、abra《アブラ》「彼はした」‐cadabra《カダブラ》「彼が言った通りに」という意味だ。「彼は言った通りにした」という言葉は、行為遂行的特性をもつ、つまり発話行為自体がある行為の実現となる言葉だ。一つの動詞によって以前には存在していなかった現実が生み出される。つまり一つの言葉によって世界が変わるのである。


ユダヤ教ではこれはよく認識されている。というのも、多くの状況でこの儀式を目にしているからだ。なかでもある一日は、それを厳かに思い出させ、言葉の力、つまり言葉には世界を変え、生き死にを左右する力があることを思い起こさせる。それが贖罪《ヨム・キプール》の日だ。

この日、ほとんど魔法にかかったように、ユダヤ人はこの話を語り合うために群れをなしてシナゴーグ〔ユダヤ教の会堂〕にやって来る。祈りの場所にはめったに行かない人や、一年のうちほかの日にはシナゴーグに決して行かない人もここで会う約束をして、少々侮蔑的に「キプールのユダヤ人」と呼ばれるものになる。そうして、アラム語で贖罪の日の最も有名なユダヤ教の祈りの言葉を唱える。比類なきアブラカダブラ、「コル・ニドレイ」と呼ばれる贖罪の祈りの言葉である。


「Kol nidre《コル・ニドレイ》, vessarei《ヴェッサレイ》, veh'arame《ヴァハラメ》, vekouname《ヴェコナメ》……」

儀式はいつも変わらない。日暮れ時に名目上の裁判が開かれて、人々は出頭して自らの罪を認め、許しを請うよう命じられる。祈りの旋律は人々の心を打ち、その言葉はユダヤ人一人一人に、おのれがいかに無為な言葉を発し、軽率な誓いをしたかを認めるように促す。公開裁判が開かれて、全員が有罪を認めた上で情状酌量を求める。

二〇一八年九月十八日のヨム・キプールの夜、どのシナゴーグでもコル・ニドレイの祈りが唱えられ、数千人が集まっていたその時、マルセリーヌはこの裁判所からの招集を軽んじることにした。入院中の病室で、友人たちがこの裁判の冒頭の調べを遠くから聞かせようとした時、マルセリーヌはいつもの調子で「あっちに行きな！」と言ったのだ。

その晩、わたしは彼女の隣にはいなかった。罪びとであるわたしたち全員のためにシナゴーグで贖罪の祈りを唱えていた。だが、もしできることなら、わたしたちが一緒に大いに笑った話を、マルセリーヌに最後に話して聞かせてあげたかった。それはこんな話だ。

ヨム・キプールの日のこと。ラビがシナゴーグに行くと、奥で一人の男が何やら騒いでいるのが見えた。誰かと争っている様子だが、その男のほかには誰もいないようだった。ラビは男に近づくとこう言った。

「あなたはいったい誰と話しているのですか？」

男は言った。

「永遠なる神と話をしていました。私は神にこう言ったのです。『自分がおこなったことに対しては、もちろん許しを請いたいと思います。ですが、私はそれほどひどいことはしていません。

それに比べて、神様、あなたはどうです？　この世界をご覧ください。私たちは悩みや苦しみ、悲劇的な事件に見舞われています。私たちに許しを請うべきなのは、神様、あなたの方ではないですか！』ってね」

するとラビは言った。

「で、神とのその話はどのような終わり方をしたのですか？」

男が言った。

「簡単です。私が神にこう言って終わりました。『私はあなたを許します。あなたは私を許してください。それでおあいこです』」

それを聞くと、ラビはかっとなって声を荒らげた。

「この、大ばか者め！　たったそれだけで神を簡単に解放してしまうとは！」

この話のラビのように、マルセリーヌは、ユダヤ教の伝承は「厚かましさ」つまりヘブライ語で言うH'outspa《フッパ》というものを大いに受け入れる幅のあるものであることを完璧に理解していた。人間は、自分の最後の審判の日でさえも、裁きの神に何かを要求することができる。大した対価も払わせないで神を簡単に解放してはならず、なにしろ神の憐れみの欠如について容赦はしない。そして、命の猶予を与えられることを祈る人々が告白するヨム・キプールの夜ですら、もう一つの裁判をおこない、ほかならぬ神を被告として法廷に呼び出すこともできるのだ。

神を法廷に引き出すなどというのは、伝統的な神学とは相反するものであることはわかっている。この話を神への冒瀆だと考える人々もいるだろう。その人たちには、この話は、神の道ははかり知れず、すべてのものが神に至るという慈愛に満ちた神の概念とは正反対のもののように聞こえるだろう。だが、ユダヤ教の伝統には、この厚かましさが当然占めるべき場所が、神の愛を語る声とは別の声のそばにある。多くの文献や話に、この厚かましさがテーマとして盛り込まれている。さらに、契約を守らず、命の危険のある人々を助けない神、すなわち殺人の共犯者である神に人間が背を向けるのももっともであるとして、人間に対する義務を怠った責任を神に負わせている。

「ビルケナウの少女」であるマルセリーヌはそれをよく知っていた。この少女にも、神に何かを要求する理由が山ほどあった。面と向かって神を厳しく叱責しようと決心するのに、ヨム・キプールの夜ほど良い時はないのではないだろうか。立場を逆転させて神を法廷に呼び出すのに、これほど良い時はないはずだ。わたしは、最後の審判の日に天の法廷に向かうマルセリーヌを想像した。おそらく神は簡単には解放してもらえないはずだ。

マルセリーヌが天国に行ってからは、来世の天の法廷には女性の代理人が二人いる。一人は女性の利益のために演説をし、もう一人は殺された人間たちの代弁者となっている。

シモーヌもマルセリーヌもそんな「来世」など信じていなかったと言う人もいるだろう。二人とも来世の存在の可能性については肩をすくめる（時と場合によってはマリファナを吸う）はずだと言う人もいるはずだ。でもわたしにはわからない。マルセリーヌと彼女の無神論の信念に関しては、わたしには疑いをもつ理由がいくつかあるのだ。

亡くなる数か月前、マルセリーヌは体調を崩して入院した。長い間昏睡状態が続き、予後の診断はどれもよくなかったが、マルセリーヌは回復し、退院することができた。わたしは共通の友人のオドレイと一緒にマルセリーヌの見舞いに行った。マルセリーヌは昏睡から戻ったことや、死に拒まれた時の様子について、思いがけないほどあけっぴろげに話してくれた。

わたしたちは彼女のベッドに腰掛け、病室は禁煙という決まりや常識について恨み言を並べながら、様々なことについておしゃべりをした。いつも通りみんなで大いに笑ったあと、マルセリーヌはわたしたちだけに内緒で最近戻ったばかりの旅の話をしたいと言った。そうして、これは絶対、自分が次に出す本のテーマになる、と言った。「昏睡状態だった時、あたしが何を見たか想像してみてよ！　あたしを板の世界に連れていくために、あの世から彼らが迎えに来たんだよ」

わたしたちが疑うようなまなざしを向けると、マルセリーヌは言った。「シモーヌもいたんだよ、その迎えに来た何人かのなかにね。だけど、結局シモーヌがこの世まであたしを送り返してくれたんだ。時はまだ来ていないと言ってね」

つまり、マルセリーヌが生きているのはシモーヌのおかげということだ。だが、迎えに来た「彼ら」というのはいったい誰なのだろう。それから、マルセリーヌを連れていこうとした「板の世界」

とは、どんなところなのだろうか。

ユダヤ神秘主義には、この世を去る日に誰かがわたしたちを迎えに来るという話がある。わたしは思いつく限りすべての話を考えてみた。近親者たちが現れてわたしたちをあの世へ導き、「天使たち」つまり神に愛された存在が、この世を出るわたしたちを連れていく。ユダヤ教以外の宗教にも、このような話が広まる伝統がある。

実体をもつ存在なのか幻覚によって感じるものなのか、超常現象なのか低酸素脳症の影響なのか、そういうことはどうでもよい。昏睡状態で命を奪われそうになっている間、マルセリーヌには自分が一人ではないことがわかっていた。そして天に昇る彼女を迎えに来た人々のなかには、もちろん、もう一人のビルケナウの少女がいた。マルセリーヌの時はまだ来ていないため、つかの間会いに来て、彼女をこの世に送り返したのである。

こうして、マルセリーヌはまたしても死に拒まれたのだった。

ユダヤ教の伝承、特に聖書には、あたかも奇妙な免疫をもっているかのように、死を免れることのできる人々がきわめてわずかながら登場する。

その一人に、炎の渦のなかに姿を消したエリヤという名の有名な預言者がいる。トーラーにはエリヤの死に関する記述がまったくなく、ただ、この不思議な昇天の記述だけがある。そのため、エリヤは奇跡的に死なずに天に昇ったと注釈者たちは結論づけている。

エリヤは真の意味では決してこの世を去ってはいないため、再び姿を現すことができ、この世に頻繁に戻って人間の家を訪れるという伝説があるのはこのためだ。イスラエルの民のエジプト脱出を記念する過越祭《ペサハ》の間は、すべての家庭がこのエリヤを毎晩もてなすことになっている。家の扉を開けてエリヤを招き入れ、食卓に招待客のためのグラスを置くように、ワインで満たした盃をエリヤのために必ず置いておくのである。また、エリヤは、歴史を通じてすべての時代の赤ん坊の割礼に姿を現すとも言われている。絆を再確認する時や、誰かが到着する時、エリヤはその証人となるよう求められる。その誰かとは、エリヤとは対照的に、いつかは死ぬ運命にあるが、それまでは生きていく人間だ。

ユダヤ人たちは、なんとしても、とりわけ自分たちの周りにいかに死がうろついていようとも、必死で生きようとする。姿を現すあらゆるところで、エリヤはその姿をじっと見つめている。与えられ、身を落ち着けた栄光ある天の座から離れ、地上を訪れて、エリヤはそうして生きる人間たちの姿の証人となる。そして人間が天へと昇るその聖なる道の最初の目撃者となる。

病院にマルセリーヌの見舞いに行った時、わたしには彼女がこの預言者の後継者のように思えた。エリヤのように死を免れ、「永遠にわたしたちのそばにいて、人類の歴史のすべてのLeH'ayim《レハイム》(命)の証人となる」という同じ使命を背負った者に見えたのだ。

彼女は永遠に死を免れる力をもち、彼女が「板の世界」という風変わりな名をつけた場所には絶対に行かない存在になった。そうわたしには思われた。

いったい、彼女は死をどんな板と結びつけてこう言っていたのだろうか？　大勢の友人たちを納めた棺の木の板だろうか。それとも、毎晩死が訪れた、あのおぞましいアウシュヴィッツの三段ベッドの木の板のことだろうか。

マルセリーヌはそれを次の著書で説明すると言い、そうわたしたちに約束した。だが、彼女は「あの世で演説をする」ために旅立ち、わたしたちをこの謎とともに残して逝ってしまった。おそらく、彼女がよくやっていたように、「ああ、それからね、なんとかして切り抜けなさいよ！」とわたしたちにそっと耳打ちをして。

こうしてマルセリーヌを追悼する文章を書き、彼女の旅立ちをなんとかして切り抜けようとしながら、わたしも、自分が彼女に寄り添われているのを感じている。

数え切れないほど様々な方法で、彼女はわたしに寄り添ってくれている。そして、ほかの多くの人たちもこの気持ちを抱いていることを知っている。ここ数年、会って話した大勢の人々、特に大勢の女性たちが、マルセリーヌとの会話は今もずっと続いていると打ち明けてくれた。死んでなお、これほど大勢の人たちと会話のできる人間をわたしはほかに知らない。

このページを書く直前に、マルセリーヌの見舞いに一緒に行ったオドレイに電話をかけた。わたしと同じようにあの時のことを時々思い出すかどうかききたかったのだ。彼女もあの時の奇妙な会話を一言も忘れず覚えていた。電話を切ったあと、オドレイは、たまたま女性誌で見つけたというマルセリーヌのインタヴュー記事を送ってくれた。

生き残るために、誰もが自分のことだけを考えなければならない強制収容所でも、時折、非常に強い連帯が生まれることがある。あたしがひどい熱を出した日もそんな日だった。溝を掘った場所の近くの穴に、仲間たちがあたしを入れて、板で覆って隠してくれた。それであたしはそこで休むことができたの。[6]

マルセリーヌが生き延びるために地面の下に隠れていた日、地上では死が彼女を探していた。板の向こう側、つまり彼女を救うための墓穴の上では、女性たちが集まって見張りをしていた。その女性たちのおかげで、その日、マルセリーヌは命を取り留めた。そしておそらくその日、マルセリーヌは板の世界や自分の恐怖とは、ずっと距離を置こうと決意したのだろう。

救ってくれたその女性たちのおかげで、マルセリーヌは生きながらえた。そして今度は自分がほかの女性たちを救った。その女性たち一人一人に、マルセリーヌは生きろと言い、愛せと言った。二〇一八年九月二十一日、モンパルナス墓地でマルセリーヌを埋葬し、永遠の安らぎを祈りながら、

6 『シモーヌ・ヴェイユ――あたしと正反対の双子』「マリ＝クレール」誌2018年5月号

わたしたちはみなそれをはっきりと意識していた。

イザックの兄

問いのなかに落ちる

イザックの両親はその子に向かって言った。「ラビがうちに来ていて、おまえと話したがっている。ききたいことがあればなんでもききなさい。ラビが答えてくれるから」

だがそれは本当ではない。わたしにはそれがよくわかっていた。その子が口にする本当に知りたいことに、納得できる答えを与えることは自分にはできないだろう。

どうして弟は死んだのか。どうして死ぬのが弟でなくちゃいけないのか。ママはいつ泣きやむのか……。大人には口にできない子どものこうした質問に、答えられる人などいるはずがない。

葬儀を翌日に控え、これからおこなわれることをその子に話す必要に迫られていた。イザックが寝ているという――わたしたちの言葉を「信じる」ならば――小さな箱にその子が向かい合う前に、話をする必要があった。だが、「あなたを守る」とか「だいじょうぶ、あなたには何も起こらない」というような、大人たちのよく言う言葉を言っても意味があるとは思えなかった。

両親は、その子は葬儀には連れていかない方がよいと思っていたが、どうすべきか決めかねていた。おそらく、家に置いていき、墓地には近づけない方がよいのだろう。だが、八歳のその子は、葬儀に行くと固く決心していた。

その子は泣いてはいなかった。わたしが居間に入った時には、瞬き一つせず、じっとテレビを見ていた。こちらを見ることもほとんどなかった。ひたすらテレビに見入っている様子で、わたしが隣に座ってもいいかときいた時に、ただうなずいただけだった。

テレビに映っていたのは『レゴ・シティ』というアニメ番組だった。いくつもの小さなブロックが組み立てられてできた人形が、テレビの画面を動き回っていた。わたしたちもみな幼い頃に遊んだ人形のアニメーション版だ。三角や四角のブロックをくっつけたりはずしたりして角ばった形を作り、頭や胴体を好きなものに変えて人形や様々なものを作ることができる。そしてそれを使って自由に物語を語ることができるのだ。

だが、その子たちの物語は、その前日、無理やり中断させられてしまった。そして、彼らの周りでは世界が一気に崩れ落ちた。

壊れたのは、その子たちの世界や家族の世界、そして親しい人たちの世界だけではなかった。全世界が壊れてしまった。一人の子どもの死には、それを引き起こすほどの力がある。つまり、わたしたちすべての世界を崩壊させ、人類が言語に絶する混沌に投げ込まれたという集合意識を生み出すのである。それを表しているのが、一瞬にして未来が過去となってしまった両親の姿だ。

幼いイザックの呼吸が止まった。それについて何かが言えたとしても、彼らが目の当たりにしたこの世の終わりを描く助けにすらならないだろう。彼らのアパートには、徐々に親戚や親しい人々、友人たちが集まってきた。みな、話す言葉を探していた。

わたしにはいつも遺族に言っていることがある。それは、身内の誰を失った場合でも、その悲しみだけでなく、さらに違和感を覚えることに出合うつらさに耐える覚悟が必要になるということだ。それは、言葉の空しさと、その言葉を発する人々のぎこちなさである。お悔やみを言いに来たり、葬儀に来る人々は、遺族の心を和らげたり、楽にしたいと思うあまり、よく愚かな言葉を発し、時にはぞっとするようなことを言うこともある。ばかげた言葉に意味を付け加えようとして「善人が先に逝く」とか、「少なくとも、これ以上苦しまずにすんだのだから」とか、「あなたならこの試練に耐えられる」とか言う人もいる。家族を失った人々にはこれに耐える覚悟が必要だ。

時には究極のパラドックスと言えるようなことが起こることもある。たとえば、お悔やみを言いに来た身内ではない人たちが、ひどく打ちのめされていて、逆に遺族から慰められることもある。ふと気づくと、遺族がその見知らぬ人たちをなだめる言葉を探しているのだ。にわかに慰める立場となった遺族が、遺族を支えに来たはずの人々の涙をぬぐうためにハンカチを差し出すことになる。このように、現実には交換の許されない役割の逆転という悲しいことが起こることもある。

亡くなったのが子どもの場合、遺族に対する人々のこのような善意に満ちた不手際はさらに多くなる。というのも、その場合、言葉をかけようとする人は、命が有限であることに直面した自分の居心地の悪さを抑えるだけでなく、子どもを失うという人類の最大の恐怖に立ち向かわなければならないからだ。

子どもを失った両親はみなこう語る。「知らせが届いた瞬間、足下で地面が崩れるだけでなく、その地震によって、今まで自分たちを守ってくれていた場所からたたき出され、二度と居場所のもてない場所へと永久に運ばれたことがわかるのです」と。こうして彼らは離れた島に閉じ込められ、この悲劇を経験しなかった人々の土地から永遠に切り離される。子を失った悲しみによって、両親は、今後は世界の外、時間の外で、一度行ったら二度と戻れぬ場所で生きろと命じられるのだ。子どもの死は、同じ経験をした人にしか訪ねることのできない場所への追放宣告なのである。

そしてその人々は、すべての移民のように、新たな言語を見つけなければならず、それをたどたどしく話すことになる。知っている言葉のどれを使っても、これから経験しなければならないことを語ることはできないからだ。

ほとんどの言語がそうだが、フランス語には子を失った父親や母親を表す言葉は存在しない。親を失った子は「孤児」となり、夫を失った女性は「寡婦」となる。だが、子どもを亡くした親はなんというものになるのだろう? フランス語では、きっとわざとそれを呼ぶ名を作らないのだ。まるで、呼ぶ名がなければそんな目にはあわないと信じているように、迷信のように人々に言わせないようにして、不幸を引き起こさないようにしておくのである。

一方、ヘブライ語にはこの言葉が存在する。子どもを亡くした親はShakoul《シャコル》と呼ばれるが、この言葉にあたるものはほかの言語にはほぼ見あたらない。これは植物関連用語からの借用語で、もとは果実を収穫したあとのブドウの枝という意味だ。ヘブライ語では子を失った親はその実を切り取られた枝のイメージ、もしくはその果実をもぎ取られた房のイメージだ。枝のなかに樹液は流れているのに行き先がなく、命の一部が失われたためにその芽は干からびている。

息子にどう話せばよいのかわからない。そう言うイザックの両親に、わたしは、わたしたちもみななんと言ったらよいのかわからないということを、その子にわかる言葉で話すように勧めた。

わたしは質問を聞くためにその子のそばに行った。質問は、レゴ・シティに逃げ込むかのように画面に食い入っているそのまなざしに浮かんでいた。

どうしてこのレゴの世界は、世代が変わってもずっと人々を魅了してきたのだろうか？　その子の隣でそのアニメを見ながらわたしは考えた。わたしには、この人形たちが結局は実人生では決して守られることのない約束をしているように思えた。それは、くっつけたりはずしたりしても痛みを伴わないという約束だ。そして誰かが決めたら、何も傷めることなくもぎ取れて、愛着の痕跡も亀裂も残さないというものだ。

アニメが終わってクレジットが映し出されると、わたしはテレビを消して、その子に遊びたいか、それとも話をしたいかときいてみた。その子がこうきいてきたのはその時だった。質問はすでにしっかり準備されていた。

「イザックがどこに行ったのか知りたいんだ。探すのにどこを見たらいいのかわからないから」

〈探す〉という言葉でこの子は何を言おうとしているのだろう。わたしはそれを理解しようとした。イザックを見つけるために、この子の目はどの方向を向こうとしているのだろうか？　わたしには、飛行機乗りに話しかける「星の王子様」のように、大人のわたしにその子の悲しみがどう描けるのか、その子が評価しようとしているかのように思われた。

その時だった。その子は質問を言い換えてこうきいてきた。

「ぼくはイザックがどこに行ったのか知りたいんだ。だけどパパとママにはそれが言えないんだよ。二人にはまだ決められないんだ。明日埋めるんだよって言ったのに、イザックは天国に行ったんだよって言ったりするし。だからね、わからないんだ。イザックはこれからは地面の下にいるの？　それとも天国にいるの？　ぼくはね、イザックを探すのにどこを見たらいいのか知ってなくちゃいけないんだ」

死について話すすべを知っている人はいない。できるのは、おそらく可能な限り正確な定義をすることくらいだろう。死を言葉でとらえることはできない。死はまさに言葉の終わりを示すものだからである。それは旅立つ人の言葉だけでなく、あとに残された人々の言葉の終わりも示す。残された人々は突然生活が麻痺したなかで、常にまちがった言葉の使い方をすることになるからだ。というのも、身内を失った悲しみのなかで発せられる言葉は、何かを意味することをやめているからだ。そうした言葉は、たいてい、言葉にどれほど意味がなくなっているかを示すことくらいしかできない。

だから大人は「あの子は旅立ったんだ」とか「天国にいるよ」とか、「私たちのもとを離れていってしまったんだ」と言う……。すると子どもたちや言語学者や詩人、つまり、自分がもちながら、人からあまり認められない力を言葉にする人たちには、そうした言葉にある嘘を聞き取ることができる。イザックの兄にも、大人の言葉が自分から隠そうとしているものがすべて聞こえていて、両親が自分に言いたくないことがなんなのか、わかるように言ってほしいとわたしに頼んできたのだ。

死がどれほど深い謎であるかを子どもから隠そうとして、大人は自分たちの嘘がどれほど子どもを困惑させたり、深い孤独に押しやるかをまったく理解しないまま、しばしばすべてを話したり、その反対のことをしてしまう。つじつまの合わない隠喩を使ったり、亡くなった人は地面の下にいるとか、天国にいるとか、同時に言ってしまうのだ。こうまでして隠す死に関することに、いったい何が隠れているというのだろう？　羊を描いてほしいと大人に言う星の王子様の願いを、なぜこんなにしょっちゅうはねつけてしまうのだろうか。

ラビという仕事をしながら、わたしはしばしば言葉の無力さを意識することがある。ここで打ち明けなければならないが、わたしはある聖職者たちに嫉妬を感じることがある。特に、その人の神学に、死に対する疑いの余地のない確固たる言葉があり、それを自由に使える人をうらやましいと思ってしまう。その宗教の伝統的な教えの言葉で大勢の信者が確信を打ち明けて安心できるような状況には、特にそう感じる。ある人々は、魂は来世に行き、「神と天使たち」または「天の聖人たち」に「迎えられる」、あるいは「天の御座の足元に据えられる」もしくは「神の御許に行く」「至福の世界に行く」「殉教者の天国に行く」と保証する。こうした不変の教理の言葉や、聖なる特権で守られているという確信のある言葉がうらやましい。

　ラビであるわたしは、自分の宗教の伝統にはそのような汲むことのできる終末論的な答えの泉がないことを認めざるをえない。ユダヤ教からは、死後どうなるかという人々の不安に対する確固たる答えは得られない。近づく死に関する会話のなかで、相手に「死んだらどこに行くのでしょう」ときかれ、「わからないんです！」と何度心のなかで答えたくなったことかわからない。

　その代わり、わたしは相手に最古のラビの知恵に匹敵する質問を返す。これは、常に問いに問いで答えるという代々伝わる方法だ。「それであなたは？　あなたはどう思いますか？」ときくのである。

　こう言い換えても、相手の質問の方が論理的な時もある。「結局、ユダヤ教では死後の生についてなんと言っているのですか？」ときかれて、わたしは「すべてです……。そしてまたその逆です」と言いたいところをぐっとこらえ、こういうことのためにユダヤ教が選んだあいまいな言葉を要約してよくこう答えることにしている。「ご存じの通り、それはとても複雑な問題なのです」

　これが今の状況だ。

　死後の生について、トーラーには何も述べられていない。聖書の人物は一人ずつ死んでいき、かなりの高齢まで生きる人もいる。全人類の祖先ノアから最も長寿な人物メトシェラに至るまで、すべての族長とその一族の死の日の記述では、彼らはただ「自分の民に加えられた」[7]または「先祖たちとともに眠った」[8]とだけ書かれている。彼らは死によってただ祖先の一族に加えられ、その後は自分たちが生を与えた人々の住む世界を離れていく。

聖書の話は命と子をなすことの物語だ。そもそもヘブライ語の「歴史」という言葉toledot《トルドット》は、「生む」という意味だ。人生は何よりもまず、その人が命を与えたものによって語られる。

トーラーでは、死者のよみがえりにも、死者を待ち受けている死後の道にも触れられていない。幽霊や復活、天国や地獄についても書かれていない。トーラーは人々が来世について過度な興味をもつことを警戒しているかのように見える。たとえば、トーラーは占いや心霊主義に頼ることを禁じている。そして交霊術や死体の防腐保存など、ヘブライ人が脱出した国である「エジプトの風習」と名づけたすべてのものに反対している。ピラミッドや豪華な大墓地を建設するなどもってのほかだ。トーラーで最も偉大な人物モーセには、そもそも墓所がなく、埋葬された場所も知られていない。したがって、彼の墓所に黙禱に行くこともできないし、花を供えたり、巡礼に行くこともできない。

死者たちはいったいどこに行くのだろうか？　トーラーに明確に述べられた唯一の場所はshéol《シェオル》（よみ）つまり死者が下っていく場所である。[9]これは地下にあるどこかの場所か、もしくは地下の世界の

7　『創世記』35章29節または『創世記』49章33節参照
8　『列王記　第二』2章10節参照
9　『創世記』37章35節〈私は、よみにいるわが子のところに下って行きたい〉

ことなのだろうか。それについては何も書かれていない。だが、この言葉の語源は雄弁だ。shéol《シェオル》は文字通りには「問い」を意味する語から来ている。したがって、こう言うことができる。「死後、わたしたちはみな問いのなかに落ち、ほかの人々を答えのない状態にする」これを自分なりに解釈してほしい。

死後に関する多様な議論が様々な文脈に現れるようになるには、歴史をもう少し下って、預言書や紀元前四世紀以降の文学、そのあとのタルムードのラビたちの注釈を待たなければならない。トーラーでは死は終局だと暗示されているが、他の文献ではその後、聖書の一部から解釈を引き出して復活の思想が取り入れられていった。

預言者エゼキエルが大勢を生き返らせる可能性に言及した有名な章がこれにあたる。[10] エゼキエルは神が墓を開き、死体の乾いた骨の上に再び肉を生じさせ、生き返らせてこう言ったと考える。「わたしの民よ。わたしはあなたがたをその墓から引き上げて、イスラエルの地に連れて行く」

エゼキエルがこう預言したのは、紀元前六世紀のエルサレムの第一神殿破壊に続く、特別な歴史的文脈でのことだった。当時バビロンに強制移住させられていたヘブライ人たちは、シオン（イスラエルの地）に戻り、故国を復活させることを夢見ていた。乾いた骨が生き返るというこの隠喩は、ここでは政治的アレゴリーである。だが、この歴史的文脈の外に出ると、この話は別の理論を支えるものとなっていく。それは死者の復活という永遠の約束である。そして注釈者たちにしてみれば、贖罪の日の到来がこのように明示されているということになるのである。だがその日はいつ来るのだろう。

死の直後なのか。メシアの時代の到来と同時にやって来るのか。それについては意見が分かれる。

歴史的文脈や文化的環境、そして外部の影響によって、ユダヤ思想はゆっくりと終末論的な色彩と死後の解釈を豊かにしていき、復活の要素やトーラーにはないような輪廻の思想さえも導入していった。

ユダヤ思想に残された歴史の痕跡や外国からの影響は多く、特に著しいのは古代ギリシャ世界の影響である。ギリシャで生まれたプラトン哲学によってもち込まれたのは、肉体と精神は別物であるという考え方である。

トーラーにはこの二元論の概念はまったく存在しない。『創世記』によると、人間は神によって土地のちりで形づくられ、命を吹き込まれた。つまり人間はこの地上の物質と聖なる息吹との結合したものだと定義されている。したがって聖なる息吹が消える時、土地のちりは再び単なるちりとなる。

ローマ時代の賢者たちはこの考えに対し、ちょっと待て、とブレーキをかけた。そして彼らを中心として、魂は独立して存在しうる完全な実体だという二元論の思想が展開された。そこでラビたちはこのギリシャ哲学の要素を取り入れて議論を展開させた。そしてただちに、ちりはもとあった地に帰り、霊はこれを下さった神に帰る[11]と主張した。この言葉は、現在でも、ユダヤ教の葬儀の際に毎回唱

10 『エゼキエル書』37章参照
11 『伝道者の書』12章7節参照

えられている。

その後、エルサレムの第二神殿が破壊された時、ユダヤ教世界の内部でも、たがいに大きくかけ離れた終末論がいくつか生まれ、相争った。ユダヤ教の各教派が、死後に関するそれぞれの見解を打ち出していった。サドカイ派のように、死後には何もなく復活などありえないという見解の教派もあった。だが、彼らと敵対するパリサイ派はその正反対の主張をし、最終的には彼らがイデオロギー闘争を勝ち取った。パリサイ派が中心的勢力となって、タルムードでは彼らの信仰が重要な位置を占め、魂の不滅やメシアの時代の到来と同時に死者が復活するといった、今日でも標準的なものとなっている多くの信条が生み出された。

それでは、身内を失った人々にこの歴史を教えるべきなのだろうか。もちろん違う。だが、それでも、ユダヤ教の伝統のなかに響く、和音を奏でながら話す様々な声を、遺族に聞かせるのは悪いことではないはずだ。

これらの相反する声は、人類の歴史は様々なものの積み重ねであることを示している。かつて詩人のイェフダ・アミハイは、ユダヤ人を定義するものは地理でも遺伝子でもなく、地質学だと主張した。「いくつもの断層や落盤、積み重なった地層や灼熱の溶岩からなる」のだと。

わたしたちのアイデンティティは、今まで踏んできた土の層や、過去に出合った文化の要素、そして儀式や言語に影響を与えてきた信仰などの積み重なった地層からできている。どの地層も、わたしたちの歴史や自ら起こした内部の争い、外部から受けた影響などを反映したものだ。これらはみな共存し、儀式や祈りや人々のなかにそのしるしを残している。

喜んで耳を傾ける人には、これがおのずと理解できる。ユダヤ教の葬儀では墓地でカッディーシュを唱えるが、その前に、「el male rah'amim《エル・マレ・ラハミーム》」という死者の魂のための祈りを唱えながら故人を墓地に送っていく。

人々の心を打つこの祈りの中心では、正反対の主張や物語、そして相容れないイメージが対話をし、それらがともに先祖伝来の祈りを形づくっている。

したがって、人々はこの祈りのなかで、神が「御座で」故人に安らぎを与えるよう祈り、その祈りを唱えた口で、今度は故人がエデンの園に行き、そこで安らぎを得られるよう祈る。故人の魂が「荘厳な天の世界にたどり着くよう」祈りながら、同時に地上に残された人々の「人生から離れない」よう祈るのだ。

こうして、ユダヤ人たちは墓地で一つの同じ祈りを口にする。「故人は地下にいて天国にいる。この世にいてあの世にいる。その不死の魂は神と一つになるが、故人はもう私たちの思い出のなかにしか存在しない」

イザックの両親は、そうとは知らず、まさにその方法で息子に話していた。子どもの質問に必死で答えようとする大人が行き着く先はどうしてもそこになる。

故人を探すためには、同時にすべての方向を見ることができなければならない。地下も天上も、物語の最初も終わりも同時に見る能力が必要だ。

死後について語るために必要な一つの信仰とただ一つの信仰、一つの言語とただ一つの言語を明確にするユダヤ人の能力のなさはこれで説明がつく。

ユダヤ教では、死後を語れないことこそが、死を語ることなのである。死は言葉を超えたものであり、死を語るには相容れない言葉だけを使うことが要求される。つまり、死とは多様なものであり、言葉には居場所のない世界に宿るということを受け入れなければならないのである。

わたしはつらい状況にある遺族に寄り添うためにこの家に来た。家に入った時、ほんの少しの時間があれば、その子に話すべき言葉は見つかるはずだと思った。その言葉はどうしても不器用で不完全なものになるが、それでも、その言葉によっておそらくその子は愛する弟のいる「shéol《シェオル》」、つまり死によって弟がなかに落ちた問いを感じられるようになるだろう。

「ぼくはイザックがどこに行ったのか知りたいんだ。イザックはこれからは地面の下にいるの？　それとも天国にいるの？　ぼくはね、イザックを探すのにどこを見たらいいのか知ってなくちゃいけないんだ」

弟を亡くしたこの子の質問に答えるよりも、物語を語るべきだろう。わたしにはそんな気がした。そうして、弟と同じ名前の聖書に出てくるイサク（イザック）という子を知っているか、そして、その子が誰で、その子に何が起こったのか知っているかときいてみた。イサクはアブラハムとサラの子で、とんでもなく恐ろしい出来事を経験した子だ。父親に連れられて山の上に行くと、紐で縛られ、殺されそうになったのである。

伝説ではこう語られている。その日、イサクはそれまでどんな男の子も見たことのないものを見た。神に生贄としてささげるために、頭に刃物を振り上げられた、つまり、死と面と向き合ったのである。だが、奇跡的に救われて、再び山を下りることができた。けれども生きて帰りはしたが、イサクは無傷のままではなかった。

イサクは成長し、大人になった。トーラーによると、イサクの身にはその恐ろしい経験の痕跡がいつまでも残った。その身に起こったことの証拠が身体にしるしとして残されたのである。

その痕跡とは、目が見えなくなったことである。賢者たちによると、その目が曇ったのは老齢や病気のせいではなく、決して語ることのできない何かを見たからだという。その視力には永遠にその跡が残された。死を直視して、目になんの痕跡も残らない者などいないのだ。

聖書によるとイサクは一人息子ではなかった。イシュマエルという腹違いの兄がいた。その名は文字通り、「isma-el《イスマ・エル》」主はその言葉を聞き入れるという意味だ。このようにして、このアブラハムの家では二人の息子が成長するはずだった。一人は目が見えなくなった息子で、もう一人は自分の言うことを神に聞き入れさせる力をもった息子である。

「成長するはずだった」と言ったのは、この物語では不幸なことに二人の息子たちは永遠に引き離され、本来築けたはずの兄弟の絆とは無縁のまま、すれ違ってしまったからだ。親たちの嫉妬や意図的に隠されたことによって、二人の間には対立と憎しみが生まれ、それは現在まで彼らの子孫に受け継がれている。彼らは付き合うことも理解し合うこともなく、同じ土地に住むことさえない。少なくとも、彼らはそう信じている。

聖書によると、離れてから二人が会ったのはたった一度、ある場所でのことだった。それは墓地で、父親の葬儀の日のことだ。二人は一緒に墓を掘り、自分たちに生を授けた父親を見送った。

聖書では、イサクは兄を失い、視力を失っても耐えて生き延びている。

人生では、イザックが死んで、どんな奇跡でも救えないことがある。

だが、イザックは死んでもこの世に兄を残している。それもただの兄ではなく、地面の下でも天国でも、弟がいるところを探そうと固く決意した兄を。


できればイザックの兄の質問にもっと違う返事をしたかった。だが、わたしはその子に正直でいる必要があった。その子に、ラビはほかの人よりも多くの答えをもっているわけではないと言わなければならなかった。時々、質問をちょっと多く出すことはあるけれど。

イザックが正確にはどこにいるのかわたしにはわからない。だが、イザックの家族が永遠の愛でイザックを探しつづけることはわかっている。そして、彼らの話す伝統の言葉のすべてによって、イザックの死が投げかけた問いが生きつづけるということも。

翌日、彼らを囲んでわたしたちは墓地で墓を掘った。一人の子どもが祖先と一緒になれるよう、そして生きているもう一人の子どもが、自分は兄であり、これからも兄でありつづけるということを決して忘れることのないように。

アリアーヌ

完全にはわたしと同じではないわたし

一緒に食事をした建物を出て、その大きな石の階段をアリアーヌはゆっくりと下りてきた。愛する夫の腕に寄りかかるようにして、ゆっくりゆっくりと足を運んでいた。その姿は文明全体を支える豊穣の女神たちの像に驚くほどよく似ていた。下りてくるその身体の巨大なお腹とおぼつかない足取りを見ながら、〈赤ちゃんはきっと今夜生まれてくる〉とわたしは心のなかでつぶやいた。

アリアーヌのことを思う時、心に浮かぶのはいつもこの姿だ。

その夜、彼女からあふれ出るものに、どれほどの影響を受けたのかはわからない。だが、その夜わたしは、自分も彼女と同じように子どもを産むだろうと確信した。彼女の娘はそれから数日後に生まれ、わたしの娘はその日からきっかり九か月後に生まれた。命を生み出そうとしていたこの友人の姿が、おそらくわたしのなかにも命を生み出したいという思いを生じさせたのだろう。自分はきっとあの晩に妊娠したのだとわたしはよく考える。彼女の放つ女神の神秘的な力が、階段の上からわたしの無意識に滑り込んできただけではなく、その実り豊かな力でわたしを潤したのだと思うのだ。
こうして、わたしたちは順番に子どもを身ごもった。わたしたちの身内にこもった子どもの魂とは逆に、わたしたちの心はこもるどころか外に出て、幸せのあまり天にも昇るほどだった。あの頃、わたしたちは空を舞い、誰にも、そして何ものにも降ろすことのできない高さに昇っていた。

わたしたちは数か月違いで母となり、母であることによって友情の絆がさらに少し強まった。わたしたちはこんなことも語り合った。「娘たちの間にはきっと永遠の友情が育つでしょう。二人の成長を笑いながら見守っていきましょうね。わたしたちの大好きなミュージカルの曲を早く聞かせたいわ。特に、わたしたちの少女時代の夢を語っていた、ミシェル・ルグランの曲のフレーズは絶対に娘たちに伝えたいわね。きっと二人は双子の姉妹みたいになるわ。二人とも双子座生まれではないけれど、ルグランの作った『ロシュフォールの恋人たち』の双子姉妹の歌のようになるはずよ。〈わたしたちは双子座生まれ、ミファソラーミレ、レミファ、ソ、ソ、ソレド……〉」

アリアーヌはわたしよりいくつか年下だったが、母としての姿はわたしよりも年上のように感じた。わたしと比べると、彼女にとってはすべてが簡単で、なにもかもが自然で経験済みのことのように思われた。赤ん坊の欲しがる物や生活リズムを予測して準備のできている母親もいるし、ビスケットや着替え、除菌ウェットティッシュを常にもち歩いている母親もいる。アリアーヌはまさにそんな母親の一人のようだった。わたしが相変わらずど素人の母親ぶりを発揮していた時も、彼女はすでにベテランになっていた。子どもの小学校の前で、何度そのつらい事実に屈したことかわからない。おやつをもってくるのを忘れた母親はわたしだけだったし、雨具が必要かどうか知るために天気予報をチェックしなかったのもわたしだけ。涙や鼻水をふくティッシュペーパーをバッグに入れてこなかったのもわたしだけだった。

アリアーヌはそれとはまさに正反対の母親だった。必要な物をもっていないことは一度もなかった。まるで彼女には、母親という役割とともにもたらされるこうしたすべての義務も、なんの負担にもならないかのようだった。だが、これは、思いやりのある女性の一つの側面にすぎなかった。母親になるずっと前から彼女はそういう人だった。

彼女は独自のスタイルをもっていたが、わたしにとってそれはまさにスファラディの母親のステレオタイプに見えた。彼女の物腰がスファラディの母親のお決まりのイメージそのままなので、わたしはよくからかったものだった。すると彼女は肩をすくめ、あなたこそ受け継いだアシュケナズィ的なものや、数千年来のその神経症的な罪悪感を少し抑えた方がいいんじゃない、と言い返してきた。母親たちがその違いを際立たせるような滑稽な言い合いをすることはたまにあるものの、ロシュフォールの双子姉妹のような二人の娘たちは、そんなことには関係なくすくすくと育っていった。そうして数か月の間を置きながら、一年目、そして二年目の誕生日を迎えた。

そんなある日のこと、携帯電話が鳴った。わたしは一人でカフェにいて、書き物をしている最中だった。アリアーヌの番号からだった。だが、電話の向こうから聞こえてきたのはアリアーヌの声ではなく、彼女の夫の声だった。彼女の夫は、型通りの検査でアリアーヌに「ちょっとしたもの」が見つかって、それがなんなのか頭部ＭＲＩ検査をして医師に診てもらう必要があると言った。彼は大したことはないと思わせるような言葉を探していた。自分たちが不安にならない言葉、そして何がなんでも会話に深刻ではないという可能性が残るように願う言葉を探していた。

だが、まさにその瞬間、人生が大きく変化してしまったことを、彼もわたしも知っていた。

彼の妻でわたしの友人であるアリアーヌは、一センチも身体を動かすことなく引っ越しをした。病人と呼ばれる人たちの住む、わたしたちの社会とは接点のない別の社会に身を落ち着けたのだ。医療という世界にあるその社会の住人になった人間は、待合室という場所で静養することになる。たとえば、あなたがその人だとしよう。友好的な世界の中心では、他の世界への扉が開かれている。だがその世界とは、その日以降、あなたを話題にして話すことは多いが、あなたと話すことはだんだん少なくなる場所だ。

病気もしくは病気の疑いが告知されると、必ずこのようなことが生じる。隣人たちはそれからももちろんあなたと話をするが、たいていの場合、あなたのいないところで、あなたには知らせずに、あなたの夫や妻、そしてあなたの親しい人々と別の会話を始めている。話題はあなたの健康のことだが、その話はあなたの耳には入ってこない。自分が近づくと彼らが声を潜めたり、部屋に入ると話が止んだりすることに、あなたは時々気づくようになる。

そこには悪意などまったくない。それはただ、世界の大勢の人が共有する、人間的な感情の副次的な影響の最初の表れなのだ。その感情とは、恐怖である。

その後の数か月の間、この恐怖はずっとわたしたちに付きまとう。時とともに無力な医学が告げること――手術は不可能で進行は止められないこと。できることは、進行は避けられないと知りながら、それを遅らせる試みしかないということ――こうしたことに直面する恐怖がずっと続くのだ。

そこにあるのは、言葉に対する恐怖、言葉によって無理やり聞かされるものへの恐怖、「ちょっとしたもの」が「腫瘍」という名のものになることへの恐怖だ。この言葉が耳元で叫んでいる意味に気づかないふりをして、「腫瘍」という言葉を痛みと結びつける勇気のある人などいない。

誰だって自分は必ず死ぬとわかっている。それでも、いつ、どのように死ぬのかを知っているか知らないかでは大変な違いがある。知らなければ可能性は無限であるため、わたしたちはまだ死から逃れられると思い込む。だが、突然、腫瘍が持ち主に言う。「謎はここまでだ。真実を教えてやる」そして、犯人あてゲーム「クルード」で、最後にプレイヤーの一人が犯罪の詳細を明らかにし、犯人を発表する時のようにこう言うのだ。「病室で転移したガンが犯人だ」と。

恐怖の次に、強い不安と羞恥心がある。自分が人のことを気遣っていただけでなく、同じことが自分たちにも起こりうると考えていたことに気づいて恥ずかしくなるのだ。病気は人々を恐怖に追いやるが、アリアーヌの病気は――脳を襲ったものであるために――わたしたちのなかにある、より激しい不安をかき立てる。

家族を残して死に、子どもの成長を見られないことだけでなく、身体の機能を失い、物事を忘れていくことへの激しい不安、変わっていくことに対する恐怖、もとの自分ではなくなることへの恐れがそこにある。

ゆっくりと、病気はアリアーヌを変えていった。もっと正確に言えば、病気のせいで彼女はもとの自分でありながら同時に別の自分になっていった。交互にそうなる場合もあれば、同時になる場合もあった。

ゆっくりと、身近な人たちにとって、彼女はもとの彼女であると同時に別の彼女へと変化していった。その変化が病気の症状なのか、病気への彼女の反抗の仕方なのか、誰にもわからなかった。おかしな声の抑揚や気分の不安定な変化など、「気がかりな奇妙さ」がかろうじて感じ取られたが、こうした小さな変調が物語るものが病気の勝利なのか、それとも彼女の病気との闘いの始まりなのかは、最初の段階では誰にもわからなかった。

これは、わたしとアリアーヌが何度も話したことだった。彼女は苦悩しながら、時々自分の人格が二つに分裂するのを感じると打ち明けてくれた。病気は彼女のなかにこの奇妙な双子の感覚を生み出した。自分のなかで、自分の質問に自分で答える声が聞こえると彼女は言った。「わたしがずっとあなただった人間よ」と一人が言うと、もう一人がすぐにさえぎってこう言うのだという。「この人の言うことを聞いちゃダメ。この人は自分があなただと信じさせようとしているけど、その正体は病気なのよ。病気があなたのなかでしゃべっているの」

二つに分かれた彼女たちが争う様子は、まるで飽きもせずおしゃべりを続ける双子の姉妹のようだった。


二つに引き裂かれているという彼女の話を聞いていると、わたしは聖書に出てくるリベカという女性の話をよく思い出した。かつてまったく別の状況で、自分が二つに分かれる苦しみを味わった人物だ。

『創世記』によると、リベカは双子を身ごもったが、問題が生じ、妊娠した彼女のなかに相反する力が芽生えた。「子どもたちが彼女の腹のなかでぶつかり合うようになった」とトーラーは述べている。生まれた二人の息子ヤコブとエサウは、その後、対立する相容れない二つの世界の二つの世界観を体現することとなる。母の胎内で二人の闘いはすでに始まっていた。リベカは自分自身の身体の奥深くで争う二つの相反する力に引き裂かれた。

　リベカがあることを思いついたのはその時だった。神に問いかけたのである。リベカは答えを求め、神を探しにいった最初の人間である。それまでは、この方法をとり、質問をするために神を呼ぼうとした人間は誰もいなかった。リベカはそれをやってのけた。そうしてトーラーのなかで最も力強い、存在の根幹にかかわる問いかけをしたのだ。「Lama ze anokhi《ラマ・ゼ・アノヒ》[12]——どうしてわたしは生きているのでしょうか?」

大半の聖書が、この言葉を、子宮を引き裂かれる苦しみのなかで発した女性の問いかけとして「生きていたってなんになるのか?」と訳している（日本語訳では「こんなことでは、いったいどうなるのでしょう。私は」（出典：聖書 新改訳©一九七〇、一九七八、二〇〇三 新日本聖書刊行会））。だが、ヘブライ語は、融通のきかない翻訳をされがちだが、その翻訳とは多くの場合微妙に異なる繊細なものなのである。

ヘブライ語の一人称単数には二つの形がある。「わたしは」は最も一般的な形ではani《アニ》というが、anokhï《アノヒ》という少し頻度が低く、格式張った形もある。この二つの言葉で違うのは、ヘブライ語で表記した際の一つの文字だ。簡単な「わたしは」と使用頻度の低い「わたしは」という形は一つの子音によって区別される。כ《ハフ》（Kh'af）というヘブライ文字の一文字が入り込み、ひそかに意味をかき乱すのである。כ《ハフ》という一文字が入ることによりani《アニ》はanokhï《アノヒ》となる。

この加えられたヘブライ語のכ《ハフ》は、単なる文字としてだけでなく、意味のある言葉としての力をもっている。このכ《ハフ》には「ほぼ」という意味がある。一つの言葉を「完全にはそうではない」という意味にするにはこのכ《ハフ》を付け加えるだけでよい。別の言い方をすると、リベカが「Lama ze《ラマ・ゼ》・anokhï《アノヒ》」という存在の根幹にかかわる問いかけをした時、彼女は単に「どうしてわたしは生きているのでしょうか?」とたずねただけではなく、文字通り、「どうしてわたしは〈ほぼわたし〉なのでしょうか?」つまり「どうして問いかけをしているこの〈わたし〉は完全なわたしではなく、わたしでもあると同時にわたしとは別の人間なのでしょうか?」とたずねているのである。

12 『創世記』25章22節

聖書のなかで、双子を妊娠し、内部の分裂に襲われた一人の威厳ある女性から発せられたこの問いは、存在の根幹にかかわる分裂の典型的なものであり、自分のなかに相反する声が聞こえた人なら誰もが問う可能性のある問いである。自分だと思っていた人間がどうして突然違う声で話すのだろう？わたしの名前で話す、この完全にはわたしと同じではないわたしも、わたしなのだろうか？

わたしには、アリアーヌの言葉にしばしばリベカの問いかけが聞こえる気がした。まるで彼女もまた、答えを探し求め、苦しげに、聖書の神ではなくわたしたち一人一人に同じ問いを発しているかのように思えた。「自分のなかで、腫瘍のように、完全にはわたしと同じではないわたしの声が次第に大きくなっていくというのに、なぜ生きるのでしょうか？」と。

この内なる対話でアリアーヌのなかで引き裂かれたものを映し出すかのように、病気の間中アリアーヌのそばにいた親しい人たちみなの内部でも、何かに亀裂が生じた。何週間か経つうちに、わたしたちにはわかったことがある。それは、公正な世界やハッピーエンドを信じる幻想のなかで、自分たちは一心同体だと思っていたが、そうではなくなっていくということだ。そしてもう一つ、死が親しい仲間の身体に居座る前に考えていた自分たちの姿というものが、やがて変わっていくということだ。

自分の内部が引き裂かれる音が、わたしにはとてもはっきりと聞こえた。その亀裂はある日、アリアーヌの意向とそれを話す彼女の言葉によってもたらされた。あの日のことは忘れない。あれは夏のある日、彼女のアパートのベランダで二人で過ごした午後のことだった。わたしたちは、彼女がベランダに敷いた人工芝の上に裸足で座っていた。プラスチック製のこの芝の上では裸足になれるし、わたしたちは死ぬけれど、この芝は決して枯れることはない。

アリアーヌは厳かな面持ちで、彼女のために、自分を二つに分けることができるかとわたしにきいた。そして今この瞬間から彼女の友人であるだけでなく、彼女のラビになれるか、つまり、二人とももうすぐ訪れるとわかっている彼女の死のその時に、彼女のそばにいてくれるかときいてきた。彼女のためにわたしはその両方になるよう努力すると約束した。

何度も、わたしは死に瀕した人やその家族に寄り添ってきた。何度も、葬儀で話をし、故人の娘や息子たち、失意の底にある親たちや打ちのめされた配偶者、茫然とした友人たちが故人をしのぶ言葉を聞いてきた。そして、ほとんどいつも、彼らの言葉に激しく心を揺さぶられた。

その人たちと一緒になって泣きたくてたまらないことが何度あったことだろう。彼らの横で崩れるように座り込み、声を合わせて泣きじゃくりたくなったことが何度あっただろうか。だが、そうしてはいけないことは常によくわかっていた。

わたしには、自分の役割によって自分が少し守られ、また強く縛られていることがわかっていた。この役割のなかにくるまることができるために、あらゆるものを根こそぎにしていく強い感情の波を寄せつけないでこられたのだ。だが、この強い感情が、葬儀をおこなうという役割において、決して沈まぬ浮き輪のようにしがみつくことのできる、水に浮かぶ避難所という特性をわたしに与えてくれていることもわかっていた。

わたしはまた、強い感情とは距離を置かなければならないと感じていた。そうしないと遺族の心をかき乱してしまうからである。ラビや司宰者は、自分が支える人々に完全に感情移入することはできないし、するべきではない。正確に言えば、自分が寄り添う人々の苦しみを自分自身のものとしてはならず、苦しむ彼らをそのままにしておいても、自分はまっすぐに立つ支柱でなければならないのだ。足元で崩れる世界の混沌のなかで、ラビや司宰者の存在は、世界の安定の可能性と連続性の約束を体現するものだからである。

ラビの言葉、同じくその身体や声やたたずまい、そして先祖から伝わりこれからも歌い継がれる祈りの言葉を唱えるその方法を通じて、司宰者は遺族に未来を信じるよう求める。したがって、回復の力を体現するためには、ラビは泣いてはいけないし、打ちのめされた人々に、起き上がれると信じさせるすべを知らなければならないのである。

あの日、アリアーヌが頼んできたのは、ラビとして決して立ってはいけない位置に立つことだった。彼女への愛情ゆえに、わたしは断るべきだった。だが、彼女への愛情ゆえに、わたしは彼女の頼みを受け入れ、ラビである〈完全にはわたしと同じではないわたし〉と、ラビとしてなることは許されない〈完全にはわたしと同じではないわたし〉の両方になった。つまり、まっすぐに立つ〈完全にはわたしと同じではないわたし〉と、崩れるように座り込む〈完全にはわたしと同じではないわたし〉になったのである。わたしは対立することしかできないこの双子を自分のなかに住まわせつづけることにした。一人は嵐のなかでもまっすぐに立っていられるように、『シェルブールの雨傘』のカトリーヌ・ドヌーヴのように大きな傘をもって、黙ってそれを握りしめていた。もう一人は嵐があらゆるものを根こそぎにすることを知っていて、カトリーヌ・ドヌーヴの声で「いいえ、あなたなしでは生きてなんかいけないわ……」と泣いていた。

そのため、わたしは彼女を訪ねるたびに、交互にもしくは同時に、片方になったりもう片方になったりしようと試みた。そのせいで時には滑稽な言い合いが起こることもあった。

祈りや葬儀、怒りと悲しみについて、アリアーヌと二人で長い間話した日のことだった。そのすぐあとに友人たちがやって来て、女子同士でマニキュアを塗る会が急に始まり、わたしたちも仲間に入った。みんなで爪切りやヤすり、ハンドクリームなどをもって、爪の甘皮と一緒に絶望を追い払った。きれいな色を選び、塗ったマニキュアがはげ落ちることはないと信じているふりをしながら、わたしたちは最後の仕上げに透明のトップコートを塗った。

アリアーヌはゆっくりと言葉を失っていった。言葉を思い出せなくなったり、話している途中でわからなくなってしまった時に、わたしに目で問いかける彼女のやり方をよく覚えている。わたしは手を貸そうとして、よく見当はずれなことを言っていた。たとえばある日、彼女はわたしにこう言った。

「わたしの願いは……。わたしの願いは……」

彼女が最後まで言えないのを見て、助け舟を出そうとしてわたしは言った。

「あなたの願いは……恐怖を感じないようになること？」

「ううん」彼女は言った。「お寿司を食べること」

極上のコメディのようなこの答えに、わたしたちは大笑いした。それはまるでその言葉を口にした俳優の死後も永遠に生き残る、伝説的な名セリフのようだった。わたしたちを通じて、軽い物語と崇高な話とがおのずと生まれてきた。よく考えると、子どものように無邪気に笑うその瞬間ですら、聖なるものと結びついていた。つまり、その瞬間、わたしたちは、ミュージカルの曲のフレーズのように永遠だけを語る力強い祈りと結ばれていたのである。全世界がわたしたちに合図を送りはじめたのもその時だった。そんな笑いの一つ一つを、どの程度までわたしたちが思いついたのかはわからない。だが、それがなんだというのだろう。こんな空想さえもがわたしたちを神に近づけた。神の名を口にする必要もなかった。奇跡を見ようとするだけで十分だった。


アリアーヌの最期が近づいたある日のことだった。時が迫っていることをみなが知っていたその日、わたしはアリアーヌに、子どもだけが自分たちのゲームのなかでできるような、もしくは戦場の兵士たちがするような、厳かな契約を二人で結ぼうともちかけた。

わたしは言った。

「今から、時間はまったく重要じゃないものとするの。ほかのもののようには数えられないものとなるのよ。一時間は千年だとか、来週は百万年続くかもしれないとか、わたしたち二人が決めるのよ」

この時、わたしたちはこう決意したのだ。タイムリミットを決めることを拒否し、他人が押し付けようとするカウントダウンから抜け出して、そうやってほんの短い間でも自由を保ち、この限られた時間を永遠のものに変えるのだと。

この日、わたしたちは奇跡的に時空を変え、アインシュタインに舌を出して見せながら、彼の相対性理論に新たな意味を与えたのだ。時は過ぎると信じる人々には夜は確かに訪れる。だが、わたしたち二人には訪れない。この世を去る直前、アリアーヌは身振りでわたしに彼女の手首を見るよう促した。二人のどちらも理由を説明することはできなかったが、その日、彼女の手首にはめられていた腕時計は不思議なことに時を刻むのを止めていた。

一週間、つまり数百年が経ち、アリアーヌの最期の日がやって来た。

緩和ケア施設の部屋に、彼女の夫と両親、親しい友人たちが集まった。わたしたちはベッドを囲んで最後に彼女の手を握り、薄化粧をした顔にキスをした。彼女の意識はもうなかったが、わたしたちは彼女に話しかけた。わたしたちはここにいて、多くの伝承が伝えるように、この世とあの世の間にある扉が開くまで、彼女とともにいると話した。わたしには、実際に数千もの人々が周りに集まっているように感じられた。祖先や導き手がいるだけでなく、様々なものもそこに集まっていた。聖典やわたしたちの好きなばかばかしい歌のフレーズ、ミュージカル映画『ロバと王女』に出てくるキラキラ光る衣装、映画『華麗なる賭け』の主題歌『わが心の風車（風のささやき）』、そして泣いているユダヤ人の母親たち。そこにはいつかはこの瞬間のことを話して聞かせなければならない子どもたちの存在も感じられた。あの世とこの世をつなぐ最も神秘的な道にいる代わりに、わたしたちは何時間つまり何年も、沈黙と物語に満ちたこの部屋にとどまっていた。生者と死者、かつて生きていた人々と現在生きている人々が、わたしたちのそばにいた。そしてラビの声、つまり、〈完全にはわたしと同じではないわたし〉の声が、友だちに物語を語っていた。

それは一人の女性と、彼女が生を与えた者たちの話だった。

「二人の子どもたちは腹のなかでぶつかり合った」が、とうとうリベカは出産した。リベカは双子の男の子の母となり、その一人はヤコブと名づけられた。ヤコブは双子の兄エサウよりもたいそう身体が弱く、心も傷つきやすかった。そこでリベカはヤコブに特別な祝福を与えようと決意した。その祝福とは体内が二つに分かれているという意識、つまり自分と同じく内なる闘いの声を聞く力だった。

ヤコブはヘブライ語で動詞の未来形であり、その名は未来を示す名である。Jacob《ヤコブ》-Yaakov《ヤアコヴ》は「彼は追う」という意味だ。つまりリベカの子ヤコブは「追う」という名だということになる。その名は、歴史はここでは終わらないと告げている。そしてヤコブはその名にならい、人生の大半を、自分がなるべきものに（まだ）なりきれていないことを示し、それになろうとして過ごした。こうして母の夢の実現に努めて過ごしたのである。

リベカの子ヤコブは大人になり、ある日のこと、一晩中、天使もしくは自分自身と格闘した。それが誰なのかは誰にもわからない。この格闘を終えた時、ヤコブはものつがいをはずされており、それ以来、まっすぐに立てなくなった。だが、天使はヤコブに贈り物も与えた。ヤコブにもう一つの名、その子孫に現在まで伝わるアイデンティティである、イスラエルという名を与えたのである。「あなたの名は、もうヤコブとは呼ばれない。イスラエルだ。あなたは神と戦い、人と戦って、勝ったからだ」という。ヤコブのこのもう一つの名、本質的な闘いの名は、ヤコブ自身とわたしたちに「足を引きずる」ことの意味を思い出させ、決して忘れさせることはない。それは正常ではない歩行で二つの道、二つの名前、二つの状態を歩むことであり、基盤の危うさを受け入れること、つまり〈完全にはわたしと同じではないわたし〉を受け入れることなのだ。

成長したヤコブも父祖のように子をもった。トーラーによると、ヤコブの最期の時には身内全員がその床《とこ》の周りに集まって、死への旅立ちを見送ったという。

伝説では、ヤコブを囲んだ人々は、死にゆくヤコブの恐怖と、自分とともに自分の世界が消えるのではないかと考えるヤコブの苦悩を感じたという。残された家族たちは、リベカの祝福を担うこと、そして自分を「追う」、つまり自分の死後も続いていく歴史を永遠に守ることができるのだろうか？そんな不安を抱えて苦悩したのだろう。

愛する人の死の床で、今でもすべての世代のユダヤ人の男女がこのようにささやくのはこのためだ。〈Shema Israël《シェマ・イスラエル》, Adonaï《アドナイ》 Elohenou《エロヘヌ》 Adonaï《アドナイ》 Eh'ad《エハド》〉——聞きなさい、イスラエル。主は私たちの神。主はただ一人である。

〈Shema Israël《シェマ・イスラエル》〉——聞きなさい、ヤコブ、またの名イスラエルよ。あなたが主〈Adonaï《アドナイ》〉と呼ぶ神は、あなたの歩みまたあなたの祖先の歩みを導いたお方である。〈Elohenou《エロヘヌ》〉——この神はまた私たちの神である。〈Adonaï Eh'ad《アドナイ・エハド》〉――あなたの、そして私たちの神は同じただ一人の神である。

どの世代の人が旅立つ場合でも、この言葉は変わらず心に響く。この言葉は続けざるをえなかった闘いや、「胎内でぶつかり合う双子」や、わたしたちにすれ違いをもたらすものがどれほど存在したとしても、みなが一つになる可能性があることを示しているからだ。

これが死に際してユダヤ人たちが交わす厳かな契約だ。そうして、旅立つ人の何かが彼らの命を包み込み、未来の彼らと結びつけるのである。

ユダヤ人たちは死にゆく人に言う。「イスラエルの息子（または娘）よ、聞きなさい。あなたの一部は私たちと永遠に結びつき、私たちのなかに生きつづけるのです」

死が訪れ、わたしたちはすすり泣きながら、旅立った愛する人に向かってみなで一緒にShema《シェマ》・Israël《イスラエル》と唱えた。その瞬間、みなが大きな石の階段の下にいるような気がした。その階段を一歩また一歩と、今度はアリアーヌが上っていく。わたしたちはその姿を見送った。

ミリアム

来世

ニューヨークで学生生活を送っていた時に、見習いラビのわたしはマンハッタンのシナゴーグでヘブライ語の授業をすることがあった。わたしの生徒には特に女性が多く、ほとんどが年配の女性、それも高級住宅街アッパー・イースト・サイドに住む、服装も髪型も非の打ちどころのないおばあちゃんたちが多かった。

毎週木曜の朝、彼女たちはレキシントン・アヴェニューにあるユダヤ人コミュニティセンターに来て授業を受けていた。別の曜日の朝に彼女たちがコントラクトブリッジ教室に通ったり、すぐ近くにあるメトロポリタン美術館が開催する講演会に行ったりする姿がわたしには容易に想像できた。

彼女たちは何年も一緒に学んでいた。その最初の出会いがいつなのか、わたしの前に何人の講師に教わったのかはわからなかった。

彼女たちのヘブライ語は片言で、授業はなかなか先に進まなかった。この砂漠では約束の地は遠く思えたが、そこにたどり着くのを急いではいなかった。週に一度のこの授業に来れば必ず会える人がいて、その喜びは長続きさせたいものだったのだ。

彼女たちはわたしのことを早すぎると思うほど早く認めてくれた。そして少々過剰とも言える親愛の情を示してくれた。山ほどのプレゼントをくれたり、気配りをしてくれた。わたしは、自分のフランス語なまりが、彼女たちから示される思いやりと無関係でないことにも気づいていた。わたしは彼女たちの「フランス人ラビ」で、もしわたしが結婚していなかったら、おそらく彼女たちはみな、最近離婚した息子の家の安息日の夕食にとっくにわたしを招いていただろうし、もしくはわたしを独身の甥っ子の次の「デート」の相手とする手はずを整えていたことだろう。

アメリカ合衆国の「デート」の概念は、フランス語のどんな言葉にも翻訳することのできないものだ。その形態を説明するのは難しい。そこでは、人との出会いが厳格な規則によってきっちりとまとめ上げられている。たとえば、何をすべきか、絶対にしてはいけないことは何か、最初のデートに応じるということは何を意味するか、そして、二度目のデートをするということはどういうことなのかなどについて暗黙の了解があるのだ。

ただ会う約束も、それが「デート」と名づけられた途端に、主役たちはロマンチックな状況に発展する可能性があることを知らされる。こんな風にして、いわば書類の一番下に書かれた「恋愛関係を維持する可能性がある」という確認事項の「当項目を読み、確認しました」という欄に署名するよう促されるのだ。契約社会のアメリカの文化は恋愛関係の形成にすら表れていて、そこには心の赴くままに行動する自由があまり残されていないのである。

七十代の生徒たちとのシナゴーグでの毎週の「デート」に、わたしは十分満足していた。そこで得られる喜びには、黙って契約を更新するほどの価値があった。

わたしはこのアッパー・イースト・サイドの庇護者たちとの会合を、今か今かと待つようになっていた。たとえ、わたしが彼女たちの人生を、ジャック・ブレルのシャンソン『フランドルの女たち』のユダヤ系アメリカ人版のようなものとして、少し滑稽に強調して思い描くようなことがあったとしても、彼女たちに会うのが待ち遠しかったのである。それはこんな歌詞だった。

「彼女たちが踊るのは百歳になったから。百歳になったら見せなくてはならない。万事うまくいっていて、相変わらず足も達者でいることを。畑ではホップも麦も、よく育っていることを……」彼女たちは、人生はこういうものだという確信をわざと表に出しているように見えた。それは、人生とは展開のはっきりとしたもので、驚きや騒ぎから解放されたきっちりとまとまった生活が普通に約束されているというものだ。

彼女たちのなかに、クラスでも少々年配に見える女性が一人いた。名前をミリアムといって、毎回授業の初めにカバンを開き、山ほどの食べ物や飲み物を取り出して全員にふるまっていた。そして、ほとんどいつもテーブルの上にフレーバーティーの入った保温ボトルを置き、ひどく時間をかけてその風味と特長の説明をした。

賢者たちの話によると、聖書に出てくるミリアムもまさにその役割を果たしていた。聖書のミリアムは、飢えと渇きに苦しむ人々を奇跡的に救い、その人たちとともに砂漠を渡った人物である。聖書のミリアムには動く井戸を連れて移動する能力があり、そのため一族は渇きで死ぬことを免れた。このわたしのアメリカのミリアムは、底なしのように見えるハンドバッグのなかに聖書のマナ〔エジプトを脱出したイスラエルの民が荒野を放浪中天から授かった食物〕に匹敵するほどの食べ物をもち歩いていた。彼女がいれば数十年旅してもわたしたちは生き延びることができただろう。ある日のこと、そんな彼女が、今まで聞いたなかでも飛び抜けて驚くような話をわたしにたっぷりとふるまってくれた。

あなたはいつもクラスにいる時と同じように他人を気にかけているのですか、とたずねると、ミリアムは、自分がこうなったのはごく最近で、自分を根本的に変えることが人生で実際に起こったからだと言った。

「何年もの間」と彼女は言った。「わたしはひどいうつ状態にあったのよ。何もほしくなくなってしまったし、何もしたくなかったの。生きる力というものを失って、家から出ることさえあきらめて、相手が誰であれ、人に会うこともやめていたのよ。ヘブライ語講座に申し込むなんて絶対にできなかったわ。そんなことをする力はまったくなかったの。食事の支度もできなかったし、人様に食べさせるなんてとてもじゃないけどできなかったわ。それには子どもたちも手を焼いて、なんとかわたしに生きる意欲を取り戻させようと苦労していたわ。原因のわからないうつ病の人によく言うようなことを言ったりしてね。たとえば『ねえ、健康なんだし、子どもたちも元気だし、孫たちからも慕われている。放っておいてなんて言う資格はないんだよ』とかね。健康な人の言うこういうばかげた言葉は、まったく的外れだわ。うつ病というのは、人生でうまくいっていることを認めるのを拒否することとか、自分の人生の良い面を認められないこととは全然関係ないのよ。自分が運が良いとか恵まれているとかいうことを意識したって、うつ病が軽くなったり治ったりすることなんて絶対にない。それに、うつ病から抜け出せと言ってくる人っていうのは、たいてい死や欲望のことをわかっていない人なんだから。そんな人がうつ病の人を人生に連れ戻すなんてできっこないのよ。商売で考えてみて。こちらが価値を否定できない商品があるとするでしょう。だけど、売ろうとする人自身が一度もそれをほしいと思ったことのない商品。そういう商品を売り込もうとするようなものよ。そんな人には、まともなセールスなんてできるわけないわよね」

ミリアムは面白くてさっぱりとした人だった。彼女によると家族全員がこういうユーモアの持ち主だという。そんな家族に恵まれながら、何年もの間先ほど語ったような苦しみを背負っていたとは、わたしにはなかなか信じられなかった。

わたしがそんなことを考えていると、彼女は突然表情を変えた。そうしてちょっと子どもっぽい微笑みを浮かべると、秘密の打ち明け話をするように耳元でそっとささやいた。

「その頃、わたしが興味をもったものが一つだけあったの。わたしは熱中して、すぐにそれが唯一無二の関心の的となったわ。そしてわたしは次第に自分の精神世界と知的活動を丸ごとそれにささげるようになったのよ」

ミリアムが説明しようとしているものはなんだろう、とわたしは考えた。うつ病に陥っている時期に、はまり込むことができた趣味とはどんなものなのだろうか。すると、彼女はまるでこれから言う言葉の効果を高めようとでもするかのように、はっきりした声でゆっくりとこう言った。

「わたしはね、自分のお葬式に夢中になったの」

何年もの間、ミリアムは自分の葬儀の計画を立てようと企てていた。多くの人のように、彼女もまず葬儀屋との同意に基づいて計画を立て、たくさんの書類に署名した。だが彼女には、準備したこの契約では細かいことが不十分な気がした。そこには故人の意向や、礼拝をおこなうかおこなわないかということ、自分で選んだ花でカラフルな花束を用意するか、高品質な音響装置を設置するかということなど細かく決められていた。だが、ミリアムにはこうしたいという要求がもっといろいろあった。そのため、彼女は自分の旅立ちの儀式に不可欠だと思われるものをすべて書きはじめた。ニューヨークでは、墓地は通常市内から離れているので、葬儀の多くは墓地ではおこなわれず、身内や知人たちはマンハッタン島の中心にある葬儀場に集まることになる。

ミリアムには誰に助けを求めるべきかが正確にわかっていた。会場の手配の方法や椅子の配置などについて参考となる意見や情報をもっているのは誰なのか、連絡を取るべき人を知っていたのである。彼女には自分が身を休めるべき棺、そしてもちろん、入場の際に流す音楽について明確な考えがあった。葬儀の参列者やその人たちの着く席もよくわかっていた。時間が経つにつれて、ミリアムはどの曲はどのヴァージョンにするか、異なるそれらの音楽をどのような順番でつなげて流すかということまで練り上げていった。バーバラ・ヘンドリックスの歌うガーシュウィンから始めて、フランク・シナトラの『ラーニング・ザ・ブルース』へ。ただし、オスカー・ピーターソン・トリオのジャズヴァージョンで、と。

ミリアムは花束の大きさやそれに使う花の組み合わせに関する知識も身につけていたし、遺影に使う写真を選び、それにどのような照明を当てるべきかも考えていた。そして、とりわけ、誰にどのくらいの長さのスピーチをしてもらうかもきっちりと決めていた。追悼の辞はどのような順番で述べてもらうのか、どのようにして終わらせるのか。ミリアムが無念でならなかったのは、次々と述べられる追悼の辞の内容をこちらの言う通りに書いてもらうことができないことだった。もしそれができるなら、そうしてもらっただろう。そして、発せられる言葉の一つ一つを決め、自分自身の故人略歴すら書いたことだろう。もちろん、新聞に載せる死亡告知は準備していたし、連絡先の電話番号のリストもできていた。

多くの場合に見られるように、このような執着は家族の間に激しい議論を引き起こす。ミリアムの子どもや孫たちは、こんな計画を立てるのはもう終わりにしてほしい、お葬式の内容を自分たちに話すのはやめてくれと懇願した。この不吉な熱狂を家族に非難されると、ミリアムはこう言った。「これはみんなあなたたちのためよ。あなたたちだけのためにやっていることなの。悲しみに押しつぶされている時に、あなたたちが難しい決断をしなくていいように、少しでも何かの板挟みになって苦しむことがないように。これはみんなあなたたちへの母の献身なの。死ぬ前に示す利他の心にほかならないのよ」

ミリアムは自分の執着について、より広い視野から考えようとしていたが、心の奥ではよくわかっていた。自分は今、そもそも自分が立ち会うことなどできるはずもない出来事の段取りをつけようとしているが、問題はそのことではなく、もっと深いところに別の重要な問題がある。自分の無気力、生きる意志や意欲の欠乏は、自分自身の死の準備でしか追い払うことはできないのだ。ミリアムはそう認めざるをえなかった。欲求《envie》を覚えることを見つけられるのは、そこだけだったのである。「欲求《envie》」に相当する英語には、死には入る余地のない二つの単語 en（なかへ）と vie（命）がくっついたこのフランス語の「欲求《envie》」が伝えるメッセージが含まれていない。うつ病が何年も続いたあとで、ミリアムはただ特別な出来事の最も熱心なプロジェクト・チーフ、つまり、才能に満ちあふれたウェディング・プランナーの「葬儀版」と言えるものになっていた。彼女に残されたのはただ死ぬこと、つまり日程も手順も決まっていない重大な出来事だけだった。だが、それは、人生というものが彼女の計画をすっかり変える前の話だった……。

ミリアムと同じ情熱をもった人たちには何人か会ったことがあるが、その情熱を彼女ほど熱く燃え上がらせている人はいなかった。ある人々は死が近づいていると感じ、あるいは自分が力を失いつつあると感じていた。また、ある人々は、自分は健康だとは言いながら死が自分から奪い去っていくものをしっかりつかまえたいと願っていた。その人たちはみな、自らの終末について語るためにわたしに会いに来ていた。

ラビの執務室で、わたしはよく、自分が「見たい」自分の葬儀の様子を話しに来る人の訪問を受けた。わたしはいつも話の途中で少なくとも一回は、おそらくそれに立ち会って「見る」ことはできないとその人たちに念を押さなければならなかった。

多くの場合、どんな葬儀にしたいかという綿密な計画づくりは、はからずもこの出来事の真の問題の理解への拒絶を明らかにする。それはつまり、自分の人生の支配が終わるということだ。死の演出の準備が語るものは、まず、そして何よりも、その人が死の受け入れを拒否しているという事実である。

わたしに会いに来る人にそれを説明するのはいつも簡単というわけではない。わたしはその人に、ユダヤ教の伝統的な儀式の説明をする。基本的に、そこにはこうしたすべての準備の入り込む余地はない。棺はできるだけ過剰な装飾や飾りつけのない簡素なものにすべきである。というのも、棺は死の前では万人が平等だということ、そして人間は生まれたちりへと戻ることが避けられないということを語る謙虚さの象徴であるからだ。たとえばイスラエルのような特別な地域では、棺すら使われず、遺体は死に装束に包まれてほかならぬ土の上に置かれ、死の告知が済むとすぐに埋葬がおこなわれる。時には、近親者の死を知るのが少し遅くなり、知った時にはすでに埋葬されたと言われることもある。葬儀とは、どのようなものにしたいかを計画するようなものではない。急いで簡素におこなうという要請に応えるものなのだ。

ユダヤ教の葬儀に通常は花や花輪が用いられないのも、これと同じ謙虚さの表明を目的としている。どのような方法であれ、死は飾り立てたり美しく見せたりすべきものではなく、賢者が警戒を呼びかけている、心を奪うものや興味の対象となることは避けるべきなのである。

伝統の世界で発せられる言葉も、同様に一つ一つきっちりとまとめ上げられている。ラビや司宰者は、ほぼ典礼で用いられる言葉のみを引き、その週にシナゴーグで読んだトーラーの一節や賢者の言葉を用いて故人について話をする。追悼の辞は大いなる文学的創造性を発揮させる場ではなく、原則として全体が簡素で必要最低限の儀式であることを映すものなのだ。

だが、今日では、大部分のユダヤ教の葬儀ではこの規範が厳密には守られず、故人の希望やより私的な要素、映像や音楽を組み入れ、そのようにして故人の世界を語り、儀式をアレンジすることが多い。

執務室で葬儀について話し、確固たる意志を表す顔や特別な「演出」の選択の意向と向き合ったりする時、自分の旅立ちの儀式の計画を立てる人に、ユダヤ教の儀式が説明しようとしている単純な真実——少し聞いただけではつまらないことだが根本的な意味を含んだ言葉——を思い出させるのがわたしの務めである。それは、自分の死は完全には自分のものではなく、死後の肉体も同様であるということだ。わたしはここでただ死がやって来る時間や状況のことを言っているのではなく、もっと根本的で、故人の意志を最優先に尊重する現代社会では耳に入りにくい思想について話している。

伝統文化と現代文化とのこの対立をよく説明する例の一つに、遺体を火葬して故人の選んだ場所に遺灰をまく散骨がある。

この方法は現代社会では次第に広がってきているが、ユダヤ教の文化では今も絶対に侵してはならないタブーであり、ユダヤ教の保守的な教派では厳しく禁止されている。

火葬の拒否は、主になきがらには敬意を払うべきだという原則に基礎を置いている。肉体は土に還らなければならない。そしてその分解に要する時間は、魂が地上にとどまっていた間にその魂を包んでいた肉体に対して払うべき敬意という性質を帯びている。火葬は死者に対する激しい暴力だとみなされており、また、散骨はユダヤ教で必要だと考えられる瞑想の場所を残された人々に与える機会を締め出すものである。

正統派のラビなら、どのような状況でも、故人がこのような選択をした葬儀の司式は断るはずだ。リベラルな立場のラビなら、ある一定の状況のもとで家族の願いを受け入れることもあるだろう。

個人的には、わたしはこの選択について家族で十分に話し合われた場合でなければ受け入れない。故人をユダヤ教の規範からかなり逸脱したこのような決定に至らせたのは誰なのかということだけでなく、近親者たちはどうやってそれを受け入れたのかということも理解しようとする必要がある。どんな動機でこのような決定が下されたのか？　この個人的な選択が、身内の人たちの立場とどの程度衝突したか？　遺族はどの程度まで同意しているのか？　そういうことを知る必要がある。

もちろん、祖先から伝わる変わらぬ法の名においてこれを拒絶することもできる。だが、その同じ法が、わたしの規定した原則に従って、遺族の苦しみに耳を傾け、彼らを支えるようわたしに促しているように思えるのだ。そのわたしの原則とは、葬儀とは故人を見送るためにあるが、それ以上に、残された人々に寄り添うためにあるというものだ。葬儀とは、残された者の試練を遺族が乗り越えられるようにするものでなければならない。そもそも、葬儀は死者のものではないのだ。

つまり、わたしにとっては、故人の死を悼む人々に寄り添うことの方が、故人の意志よりもより大きな価値がある。したがって、故人の意志を気にかけながら、それ以上に、故人を愛した人々がその死を乗り越え、威厳をもって故人の遺徳に敬意を表することができるよう気を配ることが、死者に払うべき最大の敬意なのだと思う。

ほかの要求についても同じことが当てはまる。ある人々は、葬儀で誰に言葉を述べてもらい、誰を断るかをあらかじめ決めている。また、埋葬の際に、話もしてほしくないし、追悼の辞も不要だという人々もいる。時々、そういう人たちに、わたしは思わず冗談で——本当は冗談ではないのだが——答えてしまう。「口出し無用です。それを決めるのがあなただと、誰があなたに思わせたんですか？」

これはラビの職権乱用ではないし、死の訪れを感じている人の願いを踏みつけようとするものでもない。そうではなく、この瞬間にも近親者たちには別の要求があるかもしれないこと、そして、わたしたちが彼らに与えるべき慰めには、ある程度彼らの意志に背く可能性があることを気づかせようとするものだ。遺族が「故人の意志」に背いて言葉を必要とする場合、それを取り上げてはいけないからである。

結局、死の本質とはもう生きていないことだという、自明の理であるこの恐ろしく深遠な真実を受け入れることが重要なのである。

死や葬儀を徹底的に計画したいと思うということは、ほとんどが、死への準備ができていないことを示しており、死の意味を拒絶しているということだ。死の意味とは、わが身に起こることを支配しようとすることをあきらめ、生とは生きている人々のものであることを受け入れることである。

故人の願いを尊重するのはわたしたちの責任だが、同時に、故人がわたしたちに命じることの限界と、自分の人生は自分で選択できることをよく知っておくことも必要だ。

ミリアムはすぐさま実行に移した。彼女は何もかも計画できると信じていた。「人間は計画を立て、神はそれを笑う」という有名なイディッシュのことわざがある。さらに、ともに笑うために、神が共犯者を見つける時もある。

それが、ミリアムの葬儀の日に、神が彼女のためになさったことだった。

ニューヨークの暑い夏の日の午後、ミリアムは一緒にちょっとした買い物に行くために娘のルースを待っていた。ミリアムにはそれが良い考えなのかどうかはわからなかった。だが、数日前から、公園の向こうのコロンバスサークルにある冷房のきいたショッピングセンターに一緒に行こうとルースに熱心に誘われていたのだ。ミリアムは自分の家から出たくなどなかった。家を出て世界に立ち向かうなんて考えるだけでつらかったし、家で寝そべっている方がずっとよかった。だが、ルースはひたすらミリアムのためにスケジュールと目的のある日を次々と計画していた。それでまたミリアムはさらに少し死にたくなった。だがミリアムは力を振り絞って服を着替え、本心を隠すため、努めていつもより少し濃い目に化粧をした。行き先にふさわしいピンクのチークを頰に塗り、決然とした足取りでそこに向かおうとした。

マンションの下からタクシーのクラクションが聞こえた。娘が迎えに来た合図だと思って、ミリアムは部屋を出た。だが、門の前には確かに黄色いタクシーが停まっているのに、車内にルースの姿はなかった。

「お連れする先の住所をいただいています」とタクシーの運転手は言った。

少しいら立ちを感じながら、ミリアムはタクシーに乗り込んだ。一瞬、この暑さで気を失うのではないかと思った。ということは、自分はこの猛暑日に死ぬということだ。こんなに暑いと、お葬式に来る人は少なくなるんじゃないかしら。そんなことが頭に浮かんだ。

タクシーは七十二丁目で公園を抜けた。だが、そこからの道はショッピングセンターの方向とは違っていた。けれどもミリアムは特に運転手にたずねはしなかった。きっとルースが九十六丁目にある自宅の近くで待っているのだろう。そう思った。確かにタクシーは北に向かって進んでいたが、七十六丁目まで来ると突然停車した。ユダヤ人コミュニティセンターの真ん前だ。ガラス張りの大きな建物で、孫たちも絵画教室や水泳教室によく来る場所だ。ミリアムも娘と一緒に入り口にあるカルチャーセンターのカフェテリアによく来たものだった。建物のなかは涼しくて冷房がよくきいている。ミリアムは、ショッピングセンターの人ごみをうろつき回らずにすみ、ここで娘に会えると思って喜んだ。そうしてタクシー代の支払いをすませると、ガラス張りの建物の方に進んでいった。と、タクシーの運転手の声が聞こえた。振り返ると、ウインドウを下げてこう叫んでいる。「いや、そっちじゃありません！　通りをはさんだ、真向かいの建物です！」

そう言うと、運転手は四階建ての赤レンガの建物を指した。それはミリアムが知りすぎるほどよく知っている建物だった。七十六丁目の南東の角にあるこの建物には、ミリアムが何度も口にし、たくさんの手帳に書き込んだ「リヴァーサイド・メモリアル・チャペル」という言葉が刻まれていた。

タクシーが走り出し、ミリアムは熱い風が顔をなでるのを感じた。どうして娘はここで待ち合わせることにしたのかと思いながら、ミリアムは葬儀場の礼拝堂に近づいていった。すると、招待客になかに入るよう促す小さな掲示板が目に入った。ちょうど追悼の礼拝が始まるところで、そこには故人の名前が刻まれていた。それは、自分の名前だった。ミリアムは葬儀場の大きな礼拝堂に入っていった。そこにいる人々の顔はすぐにはわからなかったが、自分を迎えてくれた声はすぐにわかった。それは、ミリアムが何度も聞いた声、バーバラ・ヘンドリックスの声だった。だが、その声がこのように響くのは今まで聞いたことがなかった。まるで、初めて聞くように、ミリアムはその声に聞き入った。「夏になれば暮らしは楽になる《サマータイム・アンド・ザ・リヴィン・イズ・イージー》……」

椅子が半円を描くように並べられ、招待客たちはまだこちらに背を向けて座っていたが、ミリアムにはすぐにわかった。その席順は自分が何年もの間考えてきたのと同じだったのだ。礼拝堂には自分の写真が何枚も飾られて明るく照らされ、黄色と白とオレンジ色のバラと菊とライラックの大きな花束が供えられていた。

ささやくように歌うバーバラの声が響いた。「だから泣くのはおやめ《ソー・ハッシュ・リトル・ベイビー》、坊や　泣かないで《ドント・ユー・クライ》……」

だが、ミリアムは泣いてはいなかった。自分に何が起こっているのか、すぐにはわからなかった。娘と婿、そして孫たちがそっとミリアムを前に進ませると、椅子を近づけて半円の中央の座席に座らせた。こうして、ミリアムは自分を囲む全員の顔を実際に見られるようになった。みな、よく知っている顔だった。長く付き合ってきた友人たちや娘の仲間たちだ。そこには地元の商店の人たちや、同じ教室に通った仲間、ずっと前に引っ越してしまったお隣さん、ミリアムが三十年以上も通いつづけている美容院の美容師さん、そしてドアの前で毎日一日の半分を過ごしていた「ドアマン」がいた。

全員が笑っていた。ミリアムの方を向いて、娘が言った。

「ママ、今ママにこんな経験をさせるなんて、自分がすごい危険を冒していることはわかっているの。

でも、これがママの関心のあること、唯一ママが関心をもっていることだとよくわかっているから、わたしたちはこれを計画したの。ママは何年もこの瞬間のために準備をしてきた。この壮大なイベント、そもそもママが実際に招待されるはずのない、とにかく、出来栄えを見ることなんてできるはずのないすごい作品の細かいところまで計画を立ててきたのよね。

だからね、ママがみんなに——家族や子どもや孫たちや、親しい人たちに——しょっちゅうお葬式の話をして、みんながもう我慢できないと何度も言うものだから、わたしたちはママの生きているうちにママのお葬式をしてあげようと決めたのよ。それで、ママの頭を離れないこの瞬間を、ママに経験させてあげることにしたの。今から、自分のお葬式がどんなものか見てちょうだい、そうすれば、うまくいけば、ママもほかのことに関心をもてるようになるかもしれないから」

出席者たちからわっと大きな笑い声が上がり、あっけにとられた顔をしたミリアムの目の前で、ルースはミリアムがあらかじめ選んだ人々に発言してもらい、ミリアムがかけてもらおうと計画していた曲を次々と流していった。こうしてその午後ミリアムは自分の葬儀を体験した。

おわかりのように、ここには一番重要なものが欠けていた。葬儀なのに、死が存在しないのだ。この日、死を葬儀の招待者リストに載せた人はいなかったし、マンハッタンの七十六丁目で死は生に徹底的にばかにされたのである。

ミリアムは、参列者の言葉がどれほど愉快で深く、枠におさまらないものであったかを話してくれた。棺はなく、その代わり、彼女は生きている人なら絶対に受けることのない強烈な冷やかしを受けた。友人や知人たちがちょっと意地悪く、彼女のこれから見られなくなってさみしいところや自分たちが大好きだったところ、それからもう付き合わなくてすんで嬉しいところ、それらのすべてについて次々とユーモアたっぷりに語り、彼女をうずうずさせて楽しんでいった。彼らはミリアムの料理だけでなく、自慢料理も塩辛すぎるし焼きすぎだと言ってけなした。そしてミリアムが会いたくない人に言い訳する時の（あまりの）下手さや、完全にでっちあげのイディッシュをはさんだ不平の言い方、「共和党」に投票するよう説得してくる人に向かって口先だけの約束をする時のそのやり方を笑った。この葬儀場の礼拝堂で、これほどの大笑いが聞こえ、生きている人に対するこれほどの愛のしるしが示されたことはかつて一度もなかったはずだ。

　このようなことを計画するのはきわめて不健全だとか、まったくもって不謹慎だとか思う人もいるだろう。自分のために用意されたこのサプライズにミリアムが卒倒するかもしれないし、死んでしまうことだってありえたはずだ。だが、それどころか、ミリアムはこれがそれまで経験したことのない最も特別で決定的な意味をもつことのように、その時のことをわたしに話すのだった。

　かつての自分だった女性の何かに別れを告げ、最後は涙で締めくくられたその葬儀の時間は、自分の人生に文字通り「命にかかわる」影響を与えた、とミリアムは言った。その時、自分のなかで、手放すすべを学びたいと思っていた何かが死に、まさにその瞬間に、残りの人生が始まったような気がしたのだという。

「夏になれば暮らしは楽になる……《サマータイム・アンド・ザ・リヴィン・イズ・イージー》」とその日の午後バーバラは約束してくれた。「魚は跳ね、綿も《フィッシュ・アー・ジャンピン・》すくすく伸びている《アンド・ザ・コットン・イズ・ハイ》……」魚はハドソン川の川面高く跳ねていた。再び水中に戻って来た魚たちは、前と同じ魚ではなくなっていたのだろう。

わたしがミリアムと知り会ったのはこの特別な出来事の数年後のことだったし、彼女が語った話には、時の経過や、誰もが犯す記憶の書き換えによってゆがめられた事実もあるだろう。だが、わたしは証言できる。わたしの前にいたのは、他人の飢えや渇きを感じ、つまり、生きている人々の世話を最優先に考える、非常に活気に満ちた女性だったのである。

ミリアムがその後も自分のお葬式の計画を立てつづけていたのか、それとも、そんなことはもうきっぱりとやめたのかどうかはわからない。きっと彼女は契約の再交渉をして、今後は死からの「デート」の申し込みはすべて断ることに決めたのだと思う。

彼女の話を聞いてから、そのヘブライ語のクラスに対するわたしの見方はすっかり変わった。見習いラビのわたしは、もう二度と復活の可能性を疑うことはなくなっていた。というのも、このわたしがその証人だからである。

死者の復活を描くのに、ラビの伝承では通常二つの概念、二つの並行する世界の話をする。一つはわたしたちの生きている世界 Olam Haze《オラム・ハゼ》（現世）、もう一つはわたしたちが死後行く世界 Olam Haba《オラム・ハバ》（来世）である。注釈者の大半は Olam Haba《オラム・ハバ》（来世）に、未来の贖いの約束、つまりいまだ到来していないメシアの時代における復活があると考えている。だが彼らは、生きている間に一つの世界からもう一つの世界に旅することのできる人々のために、この二つの世界が共存する可能性も排除していない。現在のこのままの世界に来世への通路が開かれている可能性もあるということだ。この二つの世界を死が隔てているため、時には新たな世界に入るために実際に死と出合う必要があるのである。

では、Olam Haba《オラム・ハバ》（来世）の魅力とはどんなものなのだろうか？　賢者たちはそうたずねる。この問いに対して、ある人々は安息日にその来世の趣《おもむき》、つまり、周りと離れて休らげる時間の心地よさがあると主張する。

一方、トーラーの勉強、つまり、学ぶ意欲が来世を予感させ、来世を味わう心構えをもたせると言う人々もいる。

ミリアムのおかげで、わたしの思い描く「来世」にはフレーバーティーの香りが永遠に漂っている。来世はある夏の日に生き返った一人の女性によってマンハッタンで準備されている。その女性は生き返ったその日以来、自分の葬儀の司式担当ではないラビにヘブライ語の授業を請いながら、一杯のフレーバーティーを人々に勧めている。

モーセ

死にたくなかった人

「死にゆく人を見送ったり、墓地で人生を過ごしていれば、当然、あなたにとって死は恐ろしいものではないでしょう……」

わたしの仕事に興味をそそられている人から、程度の差こそあれ、婉曲な言い方でわたしは何度もこうきかれてきた。ほかの職業の人たち、たとえば医者や救急医療に携わる人々や葬儀屋で働く人たちも、時折この言葉を向けられているはずだ。

死と距離を置いていられる人々は、死と頻繁に接する人々には死と穏やかな関係がある、つまり、「こわくなんかない！」と言って平然と死に立ち向かう力を与えてくれる落ち着いた仲間意識のようなものがあると思っている。

仮に「信心深い」人に、もう一つ別の強み、たとえば恐怖をさえぎる強力な盾となる信仰がただちに与えられたとしよう。そのような信仰があれば、必然的にさらなる心の平穏がもたらされ、恐怖を免れることができるかもしれない……。

話の相手をがっかりさせるのはいつもためらわれるが、実際には死と頻繁に接していても何も変わらない。だが、そう言ってしまってもよいのだろうか。それとも、そんなことはせず、「キリスト教的愛徳」によって、その人の信じることをそのまま信じさせておき、人間の有限性を目の前にしても心の平安を保てる方法が確かにあると思わせておいた方がよいのだろうか。少し訓練すれば、または望ましくはモンテーニュの言うように「哲学によって」、「死に方が学べる」とその人たちに思わせておけばよいのだろうか。

哲学者でもそうでない人でも、学識豊かな人で自らの死を考えて震え上がる人にわたしは大勢会ってきたし、自らの死について一度も深く考えたことはないのに、考えてきた人と同じように覚悟のできている人も大勢直接目にしてきた。結局、わたしは信仰によってこの恐怖から守られるとは思わないし、いずれにしても、わたしの信仰にはその力はまったくなかった。

他人の死に寄り添っても、わたしには死と出合うことへの不安を覚えなくなることはなかった。死を学ぶことができると言う人や、死を受け入れる覚悟をもつ避けられない方法があるはずだと言う人がいるが、わたしにはそういう人を信用することはできない。

十回のレッスンで死に方を学ぶような講座もなければ技術もないし、一学期で自分の死を最適化するための授業や大学の科目もない。

一般に思われているのとは反対に、宗教が語る話では、必ずしも主人公がほかの人々よりも勇敢に死を受け入れているわけではない。反対に、登場人物たちには死に対する恐怖が付きまとっているように思えるし、彼らが偉大であればあるほどその生への執着は強いように思われる。たとえば、聖書には、最も名高く聡明で、神と「顔と顔とを合わせ」、神の存在を決して疑うことのなかった人物が出てくるが、その人こそが、死ぬことを拒み、この世を去ることへの恐怖を誰よりも強くもっていた人なのである。

その人とはモーセである。モーセはみなさんやわたし同様に、そしておそらくわたしたち全員を合わせたよりももっと強く、死ぬのを嫌がっていた。それがモーセの死の物語であり、ユダヤ教の賢者や注釈者たちが好んで語るものである。

トーラーでは、モーセの死についてその最後に数行が費やされているにすぎない。そこには単にこう書かれている。モーセは「主の命令によって（中略）モアブの地のその所で死んだ。彼は彼を（中略）葬ったが、今日に至るまで、その墓を知った者はいない。モーセが死んだときは百二十歳であったが、彼の目はかすまず、気力も衰えていなかった[13]」

聖書の英雄モーセはこうして約束の地の入り口で死んだ。モーセはほかのみなと同じように死んだ

13 『申命記』34章5―7節

が、モーセ以前の誰とも違う死に方をした。まず、モーセがどこに眠っているのか、実際に誰がその墓を掘ったのかを知る人はいない。「彼は彼を葬った」とトーラーには書かれているが、この三人称単数形の動詞の主語である「彼」とは誰なのだろうか？　注釈者たちは神ご自身がこの葬儀を執りおこなったと主張する。だが、聖書の話のなかで、決して神がこのような役割を果たすことはない。アブラハムは息子たちに埋葬され、モーセの兄アロンはイスラエルの民の高官たちによって埋葬された。だが、この時まで神によって葬儀が執りおこなわれたことは一度もない。

モーセはこうしてみなと同じように死に、そして誰とも違う死に方をした。死んだ時は百二十歳だったが、自分の力を完全に使いこなすことができた。まるで老化の影響をまったく受けず、死に至るまで往年のモーセのままでいたかのように、目はかすまず、気力は衰えていなかった。この百二十歳というのは、ユダヤ人にとって絶対的な数字、つまりこの年まで生きたいと期待する年齢となった。誕生日になると毎年人々はモーセの話に触れ、「百二十歳まで」と言い合って、その年まで生きられるように祈り、そしてこの最も偉大なユダヤ人と同じ年まで生きるだけでなく、同じように死の時まで良好な健康状態でいられるよう祈るのである。

だが、わたしたちは、モーセの死の状況について正確には何を知っているのだろう？　高齢だからといって健康な男性がなぜ死んだのだろうか。どんな医師にもそれはわからないだろうが、注釈者たちには解剖よりも確固として信頼できる手がかりがあった。ある節のなかから死の理由を探り出したのだ。ヘブライ語では、言葉には通常複数の意味があり、細部にこだわって聖書を読む読者にとっては、モーセはまちがいなく二重の意味で死んでいる。

最も普及している聖書の翻訳では、この節にはモーセは「主の命令によって」死んだと書かれている。さて、このヘブライ語の表現「Al Pi Adonaï《アル・ピ・アドナイ》」は、「神の口から」とも訳すことができる。そこから賢者たちはこう結論づけている。モアブの平原の約束の地のふもとで、モーセは神の口づけを受け、民のもとを去った。そしてその神の口づけで、魂を神に返した、と。

『創世記』で最初の人間アダムの鼻から息を吹き込んで命を与えた神は、トーラーの最後の数行で、別の人間であるモーセから口づけでその息を取り戻す。こうして神は、ありうるなかで最も優しく霊感に満ちた方法でモーセの魂を取り戻したのである。この時以来、このような特別な計らいを受け、このような抱擁を受けてこの世を去っていった者はいない。だが、誰もがそれを望んでいる。

ここに、賢者たちがなんとしてもモーセに最も安らかな旅立ちを与えようとしていることがよくわかる。それはどうしてだろうか。おそらく、トーラーに記された、読者の感情移入を妨げるものを弱めるためだろう。モーセに対するとてつもない不当な仕打ちをぼかすためなのだ。

モーセの死は注釈者にとってあらゆる死のなかでも最も重要で説明の難しいものである。どうして神は自分の英雄を約束の地の入り口に残すようなことをしたのだろうか。ヘブライ人をエジプトから脱出させ、四十年もの間彼らを率いて砂漠を渡ったのはモーセだというのに。いったい、モーセが何をしたというのだろうか？　このような罰を受けなければならないようなどんな過ちを犯したというのだろう？

トーラーにはモーセが犯した過ちがしっかり暗示されている。砂漠で岩から水を出す際に、モーセは岩を二度打ち、この行為が神から非難されたようだ。岩を打ってはいけなかったのか？　一度だけ打つべきだったのか？　そもそも、岩に話しかけ、祈り、止まらずに進むべきだったのか？　注釈者たちはこの疑問に取り組み、なかにはモーセが過ちを犯したというのは言い訳にすぎず、神はもともとモーセを約束の地に入れるつもりはまったくなかったとまで言う者もいた。モーセの旅はそこで終わると決まっており、モーセには絶対にたどり着けない目的地の入り口で、その使命は終わることになっていたのだというのである。

多くの注釈者たちにとって、モーセの死は依然として容認できないものである。そのため、彼らは文献のなかでモーセが反抗した「話を作り上げ」、最後まで死にあらがった人間の典型とした。様々な時代に書かれたユダヤ教の数十の伝説に、死から逃れるためのモーセのあらゆる抵抗や、モーセがあらかじめ決められた死と徹底的に戦った様子などが描かれている。どの話もそれぞれのやり方で、傑出した偉大な人物モーセに死が告げられた時の出来事を語っている。

自分が今から死ぬと知った時、モーセの頭には何が浮かんだのだろう？　この問いに対して、現代心理学による答えが出る数千年前に、ラビ文献は答えの輪郭を示している。

二十世紀の終わり、大勢の精神分析医が終末期の患者の経験する精神的局面を説明しようと試みた。終末期の感情の最も有名なモデルの一つに、エリザベス・キューブラー＝ロスの理論がある。キューブラー＝ロスによると、死が近づいた患者はみな、多かれ少なかれ五つの段階を経るという。最初に否認の時期があり、次に怒りの衝動がやって来る。次に死を回避するための取引を始め、その後すぐに抑うつ状態に陥る。この四つ目の段階のあとに、ようやく自分が死にゆくことを受け入れられるようになるのである。

否認、怒り、取引、抑うつ、そして受容。別の言い方をすれば、死に向かう人のほとんどがこの順番で次のように言っていく。「まちがいに決まっている」「これはあまりにも不公平だ」「せめて、○○まで生きさせてほしい」「それがなんになるんだ」、そして「心の準備ができた」

もちろん、今日では、これでは単純化されすぎていると専門家たちも認めている。死に直面した個人の道のりはそれぞれ違っているものだ。人間の感情の展開を要約して規格化することなどできないし、まさに死のうとしているすべての人間の道のりを要約する唯一のモデルなどあるわけがない。

だが、奇妙な偶然から、紀元後の最初の数世紀以来書かれてきたモーセの死に関するラビの伝説には、この心理学的段階と同じものが描かれている。つまり、ありうるこの五つのすべての段階が一つずつわかりやすく書かれているのだ。伝説には、モアブの平原で死に近づいていくモーセが経験したはずのことが、一段階ずつほぼ想定して描かれている。

たとえば、ある有名なミドラッシュ[14]（ミドラッシュとは「ダラッシュ」（捜す・たずねる）から派生した言葉で、聖書の解釈の一つの方法、また、それが生み出したものがもとになってできたラビ文献の一ジャンル。法規の問題を明確にしたり、物語や説教を通して教訓を引き出したりする）では、モーセが自分に対する死の宣告を信じ

14　ミドラッシュ・ペティラト・モシェ（モーセの死についての聖書解釈）

まいとする姿が描かれている。神がモーセに「あなたは約束の地には入れない」といくら言っても、モーセはそんなはずはないと信じつづけるのである。「いずれにしても」とモーセは思う。「私はすでに主のお考えを変えることに何度も成功しているではないか。砂漠で黄金の子牛を作るという罪を犯したヘブライ人を皆殺しにすると主がおっしゃった時も、私のとりなしで思いとどまってくださった。主がすでに過去にご自分の計画を変えたことがあるのなら、もう一度、変えないこともないではないか？」こうして死を否認していくなかで、モーセは神と自分との絆によって救いがもたらされるか、少なくとも猶予が与えられると確信していたように思われる。

別の伝説では、モーセは怒りを爆発させている。死ぬなんて冗談じゃない、と。

すると、神が言った。

「だが、あなたの父も、祖父も、あなたよりも前に死んでいるではないか」

「確かにそうです」モーセは答えた。「ですが、私は、もっと長く生きるに値する偉業をなしとげました」

「アブラハムとイサク、昔の偉大なこの男たちも、あなたより前に死んでいるではないか」神が言った。

「確かにそうです。しかし」とモーセは即座に返した。「彼らはみな、のちに誤った方向に進む子をなしたではありませんか。彼らが残した世界はとても不完全なものとなりました」

モーセは自分はより模範的なおこないをし、世に例のない貢献を果たしたとほのめかした。このような自分は当然報われるべきではないか、と暗に言おうとしたのである。すると今度は神がそれをさえぎって、モーセが忘れたふりをしていた過去の事件に立ち返らせた。

「モーセ、あなたはエジプト人を殺したではないか」

モーセは自分の罪の深さを思い出したが、途方もない厚かましさでそれを神に向かって跳ね返した。

「では、主よ、あなたは、エジプトの初子たち全員にいったい何をなさったでしょうか？」

死に直面してモーセは怒りを爆発させ、その怒りをほかならぬ神に向けている。注釈者たちにはそれが理解できるので、この声、つまり神の手ひどい仕打ちを許さない厚かましい人間の声に、読者の耳を傾けさせようとするのである。


別の伝説に描かれているのは妥協と取引だ。モーセは神に取引をもちかけ、なんとしても生きつづけたいと交渉する。「では、ほかの形ででもいいから生きられないでしょうか？」モーセはたずねる。「鳥でも雌鹿でも牡鹿でも、なんでもかまいません。人間以外の生き物となってこの世に残ることはできないでしょうか」

説得の手段も尽きて、モーセはついに屈服する。ラビの伝説の語り手は、ある情景を描いてその様子を伝えている。それは、モーセが自ら地面に描いた円のなかに座り、耳を傾けてくれる人に「自分の道はここで止まり、この円の外に出られない」と泣きながら訴えている姿である。

そこに神が現れて、モーセをジレンマに追い込んでいく。
「わたしは二つの約束をした。一つ目は砂漠で黄金の子牛を作るという罪を犯したヘブライ人を皆殺しにすること、二つ目はあなたは約束の地には入れないということだ。モーセ、あなたは、最初の約束を取り消すようわたしに懇願したではないか。あなたがそう言うので、わたしはヘブライ人をそのまま生かしてやったのだ。だが、もしあなたが今、二つ目の約束を反故にして、あなたを生かしてほしいと頼むのなら、そのためにわたしが最初の約束の変更をまた取り消して、民が皆殺しにされることになるが、あなたにはその覚悟ができているのか？　あなたの命とあなたの民すべての命を交換する覚悟ができているというのか？」

このドラマチックな伝説のなかで、神は自分には一つの約束しか取り消すことができない、つまり、前言撤回の機会は一度だけだというふりをして、その決定権を一人の人間の手にゆだねている。モーセに自分自身か自分の民かという選択をおこなわせるこのシーンは、もちろん、残酷できわめて不道徳なものだ。だが、ラビたちは、意図的に作られた筋書きのこの文学作品を通して、モーセがその偉大さを永久に失うのでない限り、モーセが受け入れるしかない選択に向き合って死ぬのに手を貸さなければならないと考えたようである。

結局、モーセはあきらめて死を受け入れる。そしてその決意はすべての民の救済の条件となり、彼の死後生きつづけるすべての人々、彼の話を読み、注釈する人々に命が与えられることとなる。死ぬことによってモーセはあらためてわたしたちを救う決心をしたのである。

思うに、このラビの話の偉大なところは、彼らの描く英雄のスケールの大きさではなく、その反対の、絶対的な人間らしさである。モーセは兵士かつ軍の指揮者であり、指導者で賢者だったが、最後まで恐れや疑いを感じる人間であり、わたしたちみなと同じように、時には不誠実や傲慢なところを示し、怒りや絶望に身を任せてしまう人間だった。死に直面してモーセは震え、慈悲を願った。モーセの恐れはわたしたちの恐れと同じであり、モーセよりうまくやれとわたしたちに言う者はいない。つまり、英雄的精神というものは、死の恐怖を克服することではなく、恐怖の淵にある時でさえ自分の死後に残る人々を気にかけることなのである。

モーセが死を決意すると、神はモーセにネボ山という山の頂に登るように命じた。この世を去る前に、モーセはそこから遠く約束の地を一望することができた。この山の名は、聖書時代にこの地であがめられたメソポタミアの神ナブーからその名を借りたのでなければ、おそらく「預言」という意味の語から来たヘブライ語だろう。ナブー神は知恵と書記の神であり、そのシンボルはアシの筆と粘土板、つまり筆記による伝達の道具である。

わたしは、偶像崇拝や異教の神々との激烈な戦いにあるなかで、ヘブライ人の聖書が、英雄を異教の書記の神にささげられた山の上で死なせ、その異教の痕跡をユダヤ人の歴史に残し、ユダヤ人が死に思いを巡らせながらこの話を代々伝えてきたという考えを好ましく思う。

モーセの最期に関する伝説のなかで最も有名なものは、わたしたちが現在も語るべきタルムード[15]である。この話は、聖書で最も偉大な人物の一人であるモーセが、登った山の頂で、穏やかな心で死ぬことができるようになったある日の出来事について、ほかのどの話よりもよく語っている。賢者たちはタルムードの議論に現れたこの話を書物によって大切に伝え、すべての世代の人にそれを学ぶよう求めている。

それはこんな話である。

ある日のこと、山によじ登ったモーセは、その頂で神が何か不思議な行為に没頭しているのを目にする。神がトーラーの聖なる文字の上部に細い枝を置くように、せっせと小さな点を描いていたのである。今日でも、羊皮紙に丁寧に描かれた小さな形、この言葉を飾る棘のように見える小さな王冠を、世界中のシナゴーグにあるトーラーの巻物に見ることができる。だが、これが正確に何を教え、語っているのかを知る人はいない。

山の頂で、アシの筆をもった神がトーラーの文字に入念に何かを描いている姿を見た時、モーセは神にこうきかずにはいられなかった。

「主よ、あなたはなぜ今すぐ民にトーラーを授ける代わりに、こうして時間を無駄にしているのですか。そのばかげた小さな飾りを言葉につけて、どうなるというのですか」

神はしもべであるモーセに言った。

「よいか、遠い未来のある日、一人の男が生まれ、この小さな点のそれぞれの意味を解説し、わたしがここに置いた小さな枝の一つ一つについて素晴らしい解釈を示してくれるのだ」

モーセは神にその非凡な人物に会わせてくれるよう懇願した。いつか生まれるという才能にあふれた男はどんな男なのか、見せてほしいと頼んだのだ。すると神はモーセのために奇跡を起こし、こう言った。「振り返れ!」

後ろを振り返ると、モーセは一瞬にして数百年後の教学院に運ばれた。そこには、ラビ・アキバというユダヤ教最高の律法学者がいて、弟子たちにトーラーの文字の上に丁寧に描かれた小さな点の一つ一つの意味を説明していた。モーセは教室の奥に座り、教えられている言葉を理解できないまま、感嘆しながらその話を聞いていた。この知恵はどこから来たのだろう。シナイ山で神ご自身の手からトーラーを授かった自分にもない、この知恵は? そう思っていると、まさにそれと同じ問いがラビに向かって発せられた。

「その知恵はどこから来たのですか? 先生はその知恵を誰から託されたのですか?」教室の生徒がこう言ったのである。するとラビは、ためらうことなくこう答えた。「この知恵は、神の啓示の日にシナイ山でモーセに授けられたものだ。それをモーセが私たちに伝えてくれたのだ」

モーセの心は慰められた。おそらくその日、生まれて初めて、モーセは死と向き合う覚悟ができたのである。

15 バビロニア・タルムード メナホート篇29b

この文献にはほぼすべてのことが描かれている。自分の非力を痛感している一人の人間の苦悩、知恵を備える前に死ぬことへの恐怖。ここではまた、一人の人間を平安のうちに死に旅立たせるものは何か、死ぬすべを学べるようにするものは何かということも明らかにされている。モーセはシナイ山でトーラーを授けられたが、それよりはるか下った時代に、モーセも知らないことを解釈できる人間たちが現れる。この学識豊かな人々はモーセ以上のことをよく知っているが、それでも、自分たちのもつ知恵はモーセのおかげだと言いつづけるのである。

別の言い方をするとこうなるだろう。モーセは自分の民に、まさにその文字を装飾する神秘的な点のように、伸びゆく文字の形で知恵を伝えた。モーセが民に伝えたこの枝は、モーセ自身を超えて成長していく。モーセの命は種を内に含み、その種はいつの日か、自分が大きく伸びていけるのはモーセのおかげだと言うのである。

そして、それぞれの世代が――世代は次々と生まれてくるからである――肥沃な土で大きく育っていく。その土で、彼らは、旅立った者には開花を見る時間のなかったものを育てることができるのだ。これが、アシの筆を手にした神が、古《いにしえ》の筆記の神の名をもつ預言の山の頂で、モーセに明かした継承の鍵だ。神は最も偉大な人間モーセに言った。「確かにあなたは死ぬ。だが、あなたの子どもたちは、あなたの命が残したまだはかない足跡にすぎないものを育んでいく。あなたの生涯と教えの偉大さは、あなたのあとに生まれてくる者たちによって明らかにされていくのだ」

それを理解することによって、モーセはとうとう心の平穏を見つけ、それまであれほど恐れていた死を受け入れる覚悟ができたのである。

この伝説には、ユダヤ教が死に関して教えるほぼすべてのことが含まれている。死に方を学ぶことは可能なのだろうか？　モーセのように恐怖を拒まず、覚悟を決めて、未来を見るために振り返ることができればそれは可能だ。未来はわたしたちの前ではなく、後ろにある。わたしたちが登ってきた山の地面につけた足跡のなかにある。わたしたちのあとから生まれ、わたしたちの死後も生きる人々が、その足跡のなかに、わたしたちにはまだ見えないものを読み取るのである。

ユダヤ人は、死後に何があるかはわからないと主張する。だが、別の言い方をすれば、こう言うことができる――死後にはわたしたちの知らない何かが存在する。わたしたちにはまだ明らかにされていないもの、ほかの人々がいつか明らかにし、わたしたちよりもうまく言い表したり、語ったりするものが存在する。なぜなら、わたしたちは確かに存在していたからである。

イスラエル

死者をよみがえらせし者に幸いあれ

一九九五年十一月四日、土曜日のことだった。夕方、ヘルツル大通りにあるわたしのアパートに彼が迎えに来た。わたしと彼はすぐに出発し、テルアビブに向かった。午後の六時頃だったため、エルサレムの出口ではすでに車が激しく行きかっていた。高速道路では最初のカーブからすでに渋滞が始まっていた。車の列を見ながら、このうちの何人が、今夜わたしたちと同じ場所に行くのだろうか、とふと思った。この速度ではおそらく時間通りには着けないだろう。そう思った。

わたしたちはその夜開かれる平和集会に向かっていた。この集会に行くために、数日前から念入りに計画を立ててきた。何時に出発したらよいか、車を駐めるのに最適な場所はどこか、夕方の交通渋滞も考慮に入れると、戻って来るのにどのくらいの時間がかかるのか。そして、翌朝軍事基地に帰る彼が出発前に少し休めるようにするためには、何時に戻って来る必要があるのか。そういうことまで細かく決めていた。

部隊から外出許可を得た彼は、私服に身を包み、目立たないようにピストルを一丁だけベルトに差してやって来た。わたしたちはキスをすると、ほとんど言葉も交わさずにすぐに出発した。町を出るとすぐ、わたしたちは少しずつ話しはじめた。その時、これからは二人の間ではヘブライ語だけで話すのだと考えたのを覚えている。

恋が始まったばかりの頃はわたしたちは英語で話していた。英語は付き合うわたしたちの間にまるでスイスのような中立地帯を与えてくれていた。それから数か月、そして三年近くの間、わたしたちはいくつかの言語の間をさまよって、それらの影響が交ざった表現を生み出していた。ヘブライ語が次第に多くなっていったが、相変わらずフランス語も交ぜて、彼が基地に帰る時には、わたしは「気をつけてね、motek sheli《モテク・シェリ》[16]、お願いだから《プリーズ》」と言って見送った。兵士である彼がどのような毎日を送っているのかはほとんど知らなかった。だが、どの言語を使って話しても、口から出てくるのは彼を心配する言葉だけだった。

その晩、わたしは、ヘブライ語がわたしたちの恋のバベルの塔を打ち砕いたことを実感した。わたしたちはヘブライ語だけで話をするようになり、そしておそらく以前ほどは話をしなくなった。どのカップルもきっとそうなるはずだ。同じ言語で話すことによってようやくおたがいを本当に理解でき

16 あなた《モン・シェリ》

るようになる。そうして行き違いがなくなれば、ほかのものもなくなっていく。

付き合って三年ほど経ち、わたしたちは外国の影響を追い払えると信じて、二人の間で使う言葉の純化を試みた。言語純化など虚妄にすぎない。けれども当時はまだそれについて深く考えたことがなく、理解できるようになったのは数年後のことだった。純粋な言語などないし、ヘブライ語はほかの言語よりもさらに少々純度が低い。

ヘブライ語は不死鳥のように灰のなかからよみがえった言語だ。この言語には、自らは新語であるとか原語であると主張する声が交じっていた。だが、ヘブライ語は、悲しい歴史に支配され、影響を受けた言語である。いくら独立性を獲得し、現代ヘブライ語という新ヴァージョンに生き返ったとしても、執拗な外国に占領された土地のようなものなのである。ヘブライ語ほど、外国語の語根をもつ単語や、遠い起源のものが接ぎ木された単語が多く、それらがよそから来たことを忘れている言語はほとんどないだろう。

ユダヤ暦の月はみなバビロニア暦から来ているし、ヘブライ語の多くは古代ギリシャ語やドイツ語に由来する。よく知られているようにイスラエルでは宗教が重きをなしているが、その「宗教」という言葉さえヘブライ語には存在しない。ペルシャ語を使っていることを知らないふりをして、Dat《ダト》という言葉で宗教を表している。

ヘブライ語を話すことは、結局、ユダヤ人が出合ってきた文明を語ること、つまり借用してきたものや押し付けられてきたものの痕跡を認めることである。ある人がどこから追放されたのか、誰に支配されたのか、誰に殺されそうになったのかを聞けば、その人がどの言語を話すのかがわかる。「純粋な」ヘブライ語とはいつの時代でも数か国語が混交したもので、とりわけ、層をなしたものである。それを作り上げた影響が幾層にも積み重なったものなのだ。もちろん、これはすべての言語に言えることだ。だが、ヘブライ語の復活により、この現象は誰の目にもより明らかなものになったと言える。

幹線道路の三つ目のカーブ、エルサレムの出口のところで、地面の色が少々変わり、違う景色が現れた。地面は四角く白い石に覆われ、かなり遠くからでもその石が数万個あることが見てとれた。墓地である。

高速道路は広大なギバ・シャウル墓地に沿って走っていた。メシアを待望する人々の眠る大墓地で、そのすべての人々が来るべき贖罪の日を待ちわびている。

ここで話しているヘブライ語に残された外国語の痕跡とまったく同じように、これらの墓にもいくつもの異なる世界のしるしがある。この墓地に眠りたいという意思を様々な言語で示した故人が、世界中からここに集まっているのである。メシアが最初に立ち寄ると約束された、この比類ない都市の入り口の墓地に埋葬されることを、世界のあらゆる場所で夢見た人々である。

祈りのなかで、毎日、ユダヤ人はこう口にする。「死者をよみがえらせし主に幸いあれ」来《きた》るべき復活の信仰はエルサレムをその中心に据えている。その時を待つために、人々が世界中からここにやって来る。というのも、言い伝えによると、贖罪の時、よみがえる死者たちの墓が開く際に、最初によみがえるのはここで待つ人々だからである。エルサレムに眠るということは、すなわち夜が短いこと、いずれにしてもほかの場所よりも短いと保証されていることを意味する。そして、最初に目覚める人々の一員になるということである。

正直に言うと、わたしには、イスラエルが大勢の人々にとって、どうして死を迎えたり、埋葬されたりするために来る国なのかまったく理解できなかった。そして当時はさらに理解できていなかった。イスラエルはわたしが成人期の最初に生きる場所として選んだ国で、わたしにとっては未来と人生の物語が始まった国だ。ヨーロッパではどうやっても追い払うことのできなかった墓から、まさにわたしを解放してくれた国なのである。

イスラエルとは、契約の名であり、避難所の名であり、やり直しの可能性を与えてくれる国だった。この国は言っていた。「復活は起こりうる。それは個人の死後ではなく、亡命先の国が救えなかったり、救おうとしなかったりした民族全体の集団的経験のあとに起こりうるのだ。だが、それはもう起こらない。というのも、この先の歴史は我々の手のなかにあるからだ。祖先の約束への道を歩むには、墓の大陸や、埋葬されずに見捨てられた死者たちの大陸を離れることが重要なのだ。命に向かって進め」

だが、その晩わたしたちが車を進めていたエルサレムからテルアビブに行く道では、イスラエルとは結局言語でも土地でもなく、わたしにとっては隣で運転する男性の顔だった。彼はわたしがイスラエルに来るまで一度も出会ったことのないタイプのユダヤ人だった。少々田舎じみた知識をもつミリタリーカットの彼には、本物で完全な何かがあり、ディアスポラ〔バビロン捕囚後、ユダヤ人がパレスチナ以外の地へ離散したこと。また、離散してイスラエル以外の国に住むユダヤ人たち〕の子ども時代のわたしの経験とは大きくかけ離れた人だった。

わたしたちの出会いには、ディアスポラの子と、「サブラ」と呼ばれるイスラエル生まれの子どもとが対照をなす、あらゆるお決まりのイメージがあった。わたしは故郷を離れ、彼はこの土地に根を張っていた。キブツ〔イスラエルにおける農業共同体の一形態。全財産の集団所有、徹底した共同生活、子どもの共同育成などを特色としている〕の子である彼は、わたしの自然に対するあまりの知識のなさをまるで理解できないようだった。一方、わたしには、自分の見聞きしてきた歴史や悲劇を彼ほど知らない人はいないように見え、また、彼がこの地に根づいた本物のユダヤ人のイメージとなった。

彼の世界はわたしには奇妙に見えたが、それにもかかわらず、彼の言葉はわたしが慣れ親しんだ先祖伝来の旋律に満ちていた。その旋律は抑揚をつけて発せられ、その抑揚がエキゾチックな印象を醸していた。それはユダヤ人の歴史に常について回ってきたメシアの音楽で、きわめて多様な状況で多くのユダヤ人に「状況は違うかもしれない」と言わせてきた希望の中核である。そこには、繰り返されたこの言葉のきわめて非宗教的な形のものが響いていた。それは、揺籃期のシオニズムが誕生と同時に取り込んだ、神秘主義的であると同時に無神論的な遺産である。

宗教とは無関係の状況で、人間中心主義のユートピアを発表するために、初期のシオニストたちは先祖伝来の宗教用語を借用した。神には完全に居場所のない無神論的な儀式のなかで、彼らは地球の贖罪、世界の修復、そして今後のあらゆる隷属からの解放を謳った。その反宗教的な祭司たちは、預言者たちの終末論に異なる解釈を施し、ポーランドの都市ルブリンやウッチ、そしてその他の町の教学院の灰のなかから掘り返した教典の言葉をそのまま繰り返した。そうして、果物を育て、農場を建設すべき土地にそれらの書物の言葉を移植した。

こうして、イスラエルの建国は、正義を求め、ほかの人々に復興を約束した人々の声で、聖書の預言のように語られた。その声は、エゼキエルが乾いた骨に肉が生じて死者がよみがえると説いた約束や、シオンに希望を託すイザヤの言葉を繰り返した。これらの伝説が、シナゴーグの聖書の朗読を離れた人々だけでなく、それを支えていたすべての正統教義に真っ向から対立する人々によって語られた。イスラエルの非宗教的復興の言語には、先祖伝来のメシア思想になじみのある音が響いていた。イスラエルの建国を語るこの声は、メシア思想を非宗教化し、教典を中立化したつもりでいたのである。

「それは象徴的な姿にすぎない」建国者たちは言った。「寓話や神話にすぎない……」と。彼らは、言葉とは、まるで目的の用途に用いることでしか存在しない道具でもあるかのように、言葉には命がなく、単に現実を述べるためだけのものだと信じてこう言った。言葉には世界を創造し、破壊する力があることを彼らは知らなかったのだろうか。創世記以来、言葉とはそういうもので、特にヘブライ語で話される時にはそうだというのに。

この人々は死者の復活も言葉の復活も信じていなかった。だが、それは誤りだった。というのも、言葉を発した人間よりも先に、そしてもちろんメシアの到来前に、言葉は墓を出るすべを知っているからだ。エルサレムで最初に目覚めるのは、言葉なのかもしれない。

わたしはこのことをゲルショム・ショーレムから学んだ。ショーレムはこの町でユダヤ神秘主義（カバラ）を教えていた学識豊かな偉大な人物で、前衛的シオニストであり、ユダヤ神秘主義の世界的権威だ。一九二六年のある日のこと、ショーレムは友人のフランツ・ローゼンツヴァイクに手紙を書いた。それからほぼ一世紀が過ぎたが、わたしたちはまだその手紙を理解しはじめたばかりである。ショーレムはそのなかで、愛するヘブライ語の復興についてこう書いている。

私たちが子どもたちの糧とするこの言語は、いつか必ずぱっくりと口を開く深遠なのではないだろうか。この土地の人々は、自分たちがしていることを理解していない。それは確かだ。彼らはヘブライ語を世俗化したと信じ、ヘブライ語から黙示録的な切っ先を取り除いたと信じている。だがもちろん、それは真実ではない。言語の世俗化というのは単なる決まり文句で、言葉の綾にすぎない。言葉自体を犠牲にするのでない限り、ぎっしり詰め込まれた意味を単語から取り除くことはできないのだ……。もし私たちが自分たちの受け継いだ言語をそのまま子どもたちに伝えるとしたら、もし私たち過渡期の世代が古い書物の言語を復活させて、そのためにその言語がその書物の意味を再び明らかにするようなことがあるとしたら、いつか、その言語の宗教的な力がそれを話す人々に激しく牙をむくのを見ることになるのではないだろうか？　そして、それが突然起こった日に、その影響を受けるのは、どの世代になるのだろうか。[17]

一九二六年、まだ国家となってはいなかったが、命の脅威にさらされているすべてのユダヤ人の避難所になろうとしていた国に住む男性が、ユダヤ人を狩り立てて皆殺しにしようとしている非常に組織的な国に住むもう一人の男性に手紙を書いた。だが、「言葉に警戒しよう」と書いたのは最初の男性だった。「言葉に眠る、先祖代々続く暴力に耳を傾けよう。そのなかには、私たちには解除できない爆弾が隠れていないとも限らないのだから」

筋金入りのシオニストであるゲルショム・ショーレムは、まさに、未来はドイツにではなく、自分のいる国にあると考えていた。ショーレムはそう確信していたが、それでも、この避難所がさらされている脅威を察知できる状態にあった。ショーレムは自分のユートピアがユダヤ人全体を死から救う際に、パンドラの箱、つまり言語の箱を開けてしまう可能性があると謙虚に認めていた。

先祖伝来の宗教的で黙示録的な言語を世俗化することを想像しながら、ショーレムはこう問いかけた。そうなったら、避けがたい展開となる、つまり、神の名による、メシア思想的暴力が再び繰り返されるのではないだろうか、と。

一九九五年十一月のその夜、エルサレムからテルアビブに向かいながら、このヘブライ語で育った世俗的で反宗教的で武器をもった男性と、その言語だけで話をしていたわたしとの会話では、ショーレムの言う爆弾の、時を刻むタイマーの音はまだ聞こえていなかった。まさかその夜、数世代後ではなくその夜に、それが爆発することなど想像すらしていなかった。だが、その二時間ほどあと、強烈な銃声が響き、わたしたちは「その影響を受ける世代」となった。

秒読みはずっと前から始まっていた。それに気づくには、耳を傾けるだけで十分だった。そうすれば、連続射撃の音が聞こえ、その日が迫っていることを理解していたはずだ。だが、わたしたちは聞こえないふりをしていたのだと思う。その一年半前、ユダヤ教の祭り「プーリーム」〔『エステル記』によると、ペルシャの王宮に后として召されたエステルは、養父にして従兄のモルデカイとともに、王の副官ハマンのユダヤ人殲滅の計画を覆して勝利する。これを記念する祭りである〕の日に、憎しみを身にまとい、銃をもった一人のユダヤ人の男が、ヘブロンのマクペラの洞窟の地下墓所で祈りをささげていた二十九人のム

17 *L'Ange de l'Histoire*, Stéphane Moses, Le Seuil, Paris, 1992. のゲルショム・ショーレムの書簡の写しを参照されたい

スリムを殺害した。そこは族長であるアブラハムやイサク、ヤコブやその妻の墓がある、ユダヤ教徒とムスリム双方にとっての聖地である。

マシンガンとこの虐殺行為で、その男は族長たちを永遠の眠りから目覚めさせ、その場に立ち会わせようとしたのだろうか。ユダヤ暦のこの日の英雄で、聖書のなかでユダヤの民に敵への激しい復讐を促したエステルとモルデカイはすでにここに招かれていたはずだ。メシア思想を伝えるすべての文献がこの祭りに加わって、世界を終末へと投げ込もうとしていた。かく書かれ、かくおこなわれるべし、と。

ユダヤ人過激主義者が礼拝中の二十九人のムスリムを殺害したこの事件に、国中が動転し、非難を浴びせた。一方、この殺人を称賛した人もいたが、その人々はごく少数の狂信者か、なんの代表でもない原理主義のラビで、閉鎖的な立場を保持すれば十分という書物に生きる者だとみなされた。これらの書物が狂信的な教学院の図書室で依然として読まれ、解釈されていることは問題にされなかった。これらはすべて大したことではないと思われたのである。

それからの数週間にわたり、古い書物が再び開かれ、太古の祈りが呼び出された。ラビたちがそれを唱える声が公の場でも響いた。だが、聞こえてきたこの新たな礼拝も大したことのないもののように思われていた。

しかし、今度は、その言葉は、族長やエステルとモルデカイ、その他すべての聖書の英雄の名において、一人のユダヤ人男性に向かって発せられていた。それは、その男性が和平交渉を結ぶのを、なんとしてでも止めようとするものだった。こうして、アラム語で書かれた神秘的な祈りがあちこちで唱えられ、テレビカメラの前でも読み上げられた。過激主義者によればその言葉は人を殺す力をもつものだった。言い伝えでは、これらの言葉は、その言葉を向けた相手の死を引き起こすことができるという。

「ええ？　たったそれだけで？」それを聞いても、人々は本気にはせず、そう言って肩をそびやかした。いったい、いつから言葉が人を殺せるようになったんだい？　強力で組織化された国家の民主勢力に対して、数人の狂信者がどんな力をもっているというのか、と。

それでも、その言葉は発せられていた。その相手はイツハク・ラビン。イスラエル国の首相で、その晩、わたしたちが平和集会で話を聞こうとしていた人物である。

わたしたちがテルアビブに入った時には、すでに大勢の人が集まっていた。車に乗ったまま、集会の開かれている場所に近づくことはできなかった。わたしたちは予定の場所からかなり離れた場所に車を駐め、迷路を導かれるように、人の波に従ってテルアビブの「白い都市」を進んでいった。ヘブライ語を復活させた人物の名を冠したベン・イェフダー通りに入ると、最初のプラカードが目に入った。アルロゾロフ大通り——シオニストのアルロゾロフはある晩ここで暗殺された——には人々が密集していた。不滅の詩人の名のついたハカリル通りでは、ステッカーが配られた。記憶に鮮やかなこの故人たちにちなんだ道で集会の声が響きはじめた。

「国民は平和を望んでいる」彼らがそう叫ぶと、わたしたちもそのスローガンを繰り返した。それでも、世界中の他のどこでも知られているように、わたしたちにはわかっていた。わたしたちが最小限の誠意を示す時、たとえば、スローガンが「国民は望んでいる」とか「国民は考えている」とか「国民は言っている」という言葉で始まる場合には、そこで述べられていることには常に嘘が含まれている。というのも、意見が一致していたり、人々が同じことを熱望しているのなら、自分以外の人々に向かって大声で叫ぶために、集会に参加したりするはずはないからだ。

その夜はまだ「王たちの広場」と呼ばれていた市庁舎の前の広場で、わたしたちは人ごみを縫うように進んでいった。その後しばらくして、この場所から王は消え、わたしたちが待っていた人の名を冠するようになる。だが、その時、いったい誰がそんなことを想像しえただろうか。

ユダヤ思想の専門家ならば、おそらくわたしたちに警告することができただろう。なんと言っても、聖書では王は決して長生きはしないし、王国は崩壊するからだ。王たちは常に暴力によって死に、あとには混沌が残される。ある王は、ある日、聖書のなかでこう言った。「空《くう》の空。すべては空[18]」そして、同じ章で、わたしたちに、夢も帝国も愛も、何ものも長く続きはしないと警告した。ソロモン王は永続するものは何もないとよく知っていたが、自分の述べた格言の内容が、イスラエルの王国を記念する広場で実現する日が来ることなど想像さえしていなかっただろう。この広場もまた崩壊しようとしていた。

わたしたち二人は「王たちの広場」を進み、そこで待っていた人たちに合流した。たとえば同じ信念など、ほぼすべてを分かち合う、彼と同じ部隊の兵士たち。そしてこうした左翼系集会によく慣れた、長い付き合いの友人たち。わたしたちは歌い、それからスピーチに耳を傾けた。

そうしていると、とうとうラビン首相が演壇に上がった。巨大な群衆は静まり返ってその言葉に耳を傾けた。その時の首相の言葉をよく覚えている。その言葉はわたしに大きな影響を与えた。というのも、わたしは、ベルトに銃をはさんで平和を語る若い兵士の隣でその言葉に耳を傾けていたからだ。兵士になったことも、その後なることもなかったわたしには、突然、自分が、危険な戦闘作戦の準備会議に参加して、上官たちの指示説明を聞いているかのような気がした。

ラビン首相は言った。「私は二十七年間軍人として働いてきました。平和が訪れる見込みなどありそうもない間、ずっと戦ってきたのです。ですが、今日、私は確信しています。平和は実現できます。必ず実現できるでしょう」

そのあと、わたしたちは首相が歌うのを聞いた。その後その歌はよく知られるようになった。というのも、それが首相の歌う最後の歌になったからだ。それ以来数え切れないほど歌われているこの歌は、死者たちに口を開かせ、語らせている。これは不思議な予知のように思える。『平和の歌』というこの歌は、死者たちはまだ生きている人々に言葉をかけることができると主張し、

18　ラビによるとソロモン王によって書かれたという『伝道者の書』を参照されたい

死者たちの口から生きている人々にこう命じさせている。「私たちを目覚めさせようとするな。それよりも、早く平和をもたらせ。そして、生きよ」

ラビン首相の歌い方はぎこちなく、その様子に人々は胸を打たれた。「Mi asher kava nero《ミ・アシェル・カヴァ・ネロ》——光が消え、土に埋葬された者は、いかに泣こうとも目覚めさせることはできず、この世に戻すこともできない……。Ish otanou lo yashiv《イシュ・オタヌ・ロ・ヤシヴ》——私たちをよみがえらせることは誰にもできず、深い闇から戻らせることはできない。そしてここでは、勝利の歌も讃美歌の祈りもなんの助けにもならない。ただ、平和を実現せよ、そして平和の訪れの歌を響かせよ」

ラビン首相の最後の歌はこう主張していた。死者は死んでいる。それをよみがえらせようとして無駄にする時間はない。今は死者をよみがえらせるべき時ではなく、生きている人々を目覚めさせるべき時なのだ。この歌はそう語り、祈りの無力さと民族主義者の傲慢の空しさを歌っていた。

ラビン首相は知る由もなかったが、死の数分前に歌われていたこのポピュラーソングは、暗殺者の神学全体と、彼に武器をもたせることになったメシア思想的民族主義的衝動に逐一反論するものだった。

カチカチと時限爆弾のタイマーは時を刻んでいた。けれども、歌が終わった時にはラビン首相はまだ生きていた。集会が終わったあとの大勢の人の波を避けるため、わたしたちは素早く広場をあとにした。

すべてはとても穏やかに、平常通りにおこなわれたように思われた。わたしたちは車に乗り、テルアビブからエルサレムに向かう高速道路に続く道を走らせた。車は流れるように進んでいた。わたしたちは、高速道路のランプ「キブツ・ガルヨト」の分岐点で進路を変えた。ヘブライ語で「流民の集団」という意味の名だ。


「流民の集団」というこの標識を見たせいかもしれないが、わたしはその時、自分も流民のような気がした。大好きな国にいるのに、自分が永遠によそ者だと思うのはなぜだろう？　隣にいるこの男性は、わたしの付き合っている人だ。だけど、なぜわたしたちの人生は絶対に一つになることがないのだろうか。「国民は平和を望んでいる」けれど、一人一人はみな違うものを望んでいる。わたしたちは、いつかは孤独を克服できるのだろうか。そんなことを考えた。

そしてわたしは、彼のことを愛しているのかどうかもうわからなくなっていた。三年間一緒に築き上げてきた世界から、二人が追放されていくような気がした。わたしたちは、「わたしたち」と言うのをやめて、おたがいにとって相手がよそ者である理由を認めなければならない。何かがわたしたちの生活に定着し、それによって、わたしたちは、とうとうおたがいを愛した理由である相手の異質さを忘れてしまったのである。わたしにはそう思えた。

わたしたちは黙って車を走らせた。音もなく嵐の到来を告げる時、平和は時に重苦しいものである。

視界にエルサレムの丘が現れ、道が上り坂になると、いつものことだが少々耳が詰まった感じになった。わたしは耳に少し空気を通した。と、彼がラジオを点けた。その瞬間、激しい爆発ですべてが吹き飛んだかのような気がした。恐ろしいニュースが聞こえてきたのだ。もうそれ以上何も聞きたくはなかった……。

聞こえてきたのは男性の声だった。ラビン首相の首席補佐官アイタン・ハーバーだ。まだ詰まっているわたしの耳に、ヘブライ語の四つの単語が聞こえた。今でもまだ、その言葉が耳に響き、永遠に離れないような気がする。

「Memshelet《メムシェレト》 Israel《イスラエル》 modia《モディア》 betadhema《ベタドヘマ》……」

「信じられない思いで、イスラエル政府は発表します……」ラビン首相の死を。ラジオから聞こえるその声は叫び声にかき消されていた。わたしたちも悲鳴を上げていて、気がつくと車はモツァという地域のすぐそばの道の端に停まっていた。わたしにとってラビン首相が死んだ場所は、ヘブライ語で「出口」を意味するこの場所だ。テルアビブの広場ではなく、運ばれた病院でもなく、この地のほとりにあるエルサレムの丘の上なのだ。わたしの夢は呼吸を止め、それとともに、わたしの愛も失われた。わたしのシオニズムは袋小路にはまり、身動きが取れなくなった。

モツァでわたしは、何がこんなに重いのかと思いながら、地面にスーツケースを置くように、そこに夢を捨てた。この愛とユートピアに、そして生まれ故郷からこれほど遠くまでわたしを連れてきたこの旅に、自分は何を託していたのだろうと考えた。

すると、前の世代がわたしに伝えたもの、わたしに生を与えた人たちの頓挫した計画、わたしが修復したいと願った壊れた希望のかけら、複数の言語が混じった言葉、そしてわたしが逃れようとしたものすべてが見えてきた。相手にどんな亀裂を修復させようとしていたのか、どんな幻想があったから自分たちは愛し合うことができたのか、突然それに気づいたところで終わる愛の物語のように、わたしは別の現実に目を開かれた。ラビン首相の死によって、自分のシオニストとしての狼狽と恋による狼狽は一体であることがわかったのである。

その後何が起こったのか、もう正確には覚えていない。国民はみなむせび泣いて声を詰まらせ、眠れぬ夜を過ごし、苦しい胸を抱えて毎日を過ごした。イスラエル政府はただ茫然としていた。

思い出せるのは、首相の葬儀の日のことだけだ。一人の人間の葬儀に参列して、その棺に平和のプロセスをそっと入れるために、世界中の人々が移動してきたように思えた。エルサレムの交通は流れを止めた。公用車の列が街を通れるように、すべての通りが封鎖された。自宅のアパートの窓からは、国家元首たちを乗せた車両が通過するのがとてもよく見えた。わたしは弔意を表すために次々とやって来た国家元首たちを見分けようとしながらながめていた。

葬儀はわたしのアパートのあるヘルツル大通りの突き当たりにある、同じ名前の墓地で営まれた。そこにはシオニズム運動の父ヘルツルが眠っているが、エルサレムにある彼の経歴と業績を記念する道がまっすぐ墓地に続いていることを、本人が良い考えだと思うかどうかはわからない。ヘルツルの墓のそばには歴代すべてのイスラエルの首相と大統領が眠っていて、みな永遠の安らぎを見つけ、もちろん、メシアが目覚めさせに来るのを待っている。だが彼らはそれを信じてはいない。では、自分たちの夢によって作られたものを見て、彼らはヘルツルになんと言うのだろうか。

ラビン首相の暗殺から二十五年の月日が流れた。あの夜からほどなくしてわたしは恋人と別れ、それから少ししてイスラエルを去った。そしてわたしはこの愛の悲しみを背負って生きることを学んだ。

だがわたしは、あの夜からシオニストという言葉が自分にとって少し死んだものになったことを完全に受け入れながらも、一瞬たりともシオニストであることをやめたことはない。この言葉は、より正確に言えば、アメリカ人が「ロスト・イン・トランスレーション」と言うように、翻訳すると何か重要な意味が失われ、言い換えられる同じ意味をもつ言葉のないものとなった。この言葉の意味を明確にしようとすると、よそで生まれ変わろうとして死んでしまうのだ。

一九九五年十一月のあの夜、わたしには、わたしのシオニズムとラビン首相を暗殺した人物のシオニズムとはたがいにほとんど関係がなく、おそらくもはや同じシオニズムという名で呼びつづけることはできないものだとわかっていた。だが、ほかの名前はどうしても思い浮かばなかった。

ラビン首相は、所有のシオニズム、つまり、約束された贖罪のしるしを土地に見るメシア思想的民族主義によって殺害された。暗殺者の見解はこうだ。「永遠にユダヤ人に属する土地を、ある人間がほかの人間たちに与えるのをなんとしても阻止しなければならない。たとえ平和と引き換えにしても、この土地はほんのわずかでも失ってはならない。というのも、この土地は神が教典を介してユダヤの民に与えたものだからである。その土地を渡すことは、神のご意思に背くことである」

ここに究極のパラドックスがある。その土地を守るために殺さなければならなかった人物は、六日戦争〔第三次中東戦争。一九六七年六月、イスラエル軍がエジプト、シリア、ヨルダンに奇襲攻撃をかけ、わずか六日間で圧勝した〕で参謀総長としてその土地をユダヤ人の管轄下においた人物だったのだ。そして一九六七年のこの戦争と、この戦争によって吹いたメシア思想の風が、土地所有者の世代を育て、一九九五年には、彼らは自分たちはもうすっかり大人で、この遺産を管理するのは自分たちだと思うようになっていたのである。

わたしのものとは異なるこのシオニズムは、ここは神が約束した祖先の土地だとして、侵すことのできない所有者の権利、聖書の土地台帳の効力を持ち出して自分の立場を主張する。そして少しでも気分がよくなるように「私はこの土地をあなたたちの祖先であるアブラハム、イサク、そしてヤコブに約束した」という神の言葉を繰り返す。

イスラエルに対するわたしの愛着は、この「所有」とは正反対のものである。それでも、わたしにはその両方が聖書の約束と預言者の理想によって育まれたものに思われる。それは、教典にある別の警告、特に、ヘブライ人に対する「所有の神である異教の神、バアル神を崇拝してはならない」という神の命令に由来する。神が「この土地はわたしのものである」と言い、そして、あなたたちは、アブラハムのように、ひたすらそこに正義と公正を打ち立てる役割を担った「他国にいる寄留者」としてそこにいるのだと言ったことを思い出してほしい。ユダヤ人がそこにいることの正当性の基盤を与えているのは、この、土地の非所有なのである。

わたしのシオニズムは、流浪、どこにも所属しないこと、そしてある意識によって永遠に育まれるものである。それは、この地の歴史のすべては、まさにこの言語のように、ほかの歴史との出合い――つまりこの地の歴史に基盤を与え、内部で声を発しつづける異質なものとの出合い――のおかげなのだという認識である。

一つの民族が自分たちのためにここに建物を建て、定住することの絶対的な正当性は、ディアスポラによって何世紀にもわたって証明されてきた、ユダヤ人の置かれた状況の記憶によるものだ。「あなたがエジプトの奴隷だったことを忘れてはならない」「偶像崇拝者だったあなた自身の過去を忘れてはならない」「あなたの父親がさまよえるアラム人だったことを忘れてはならない」……。聖書は約束の地に定住しようとするヘブライ人に繰り返しこう命じている。聖書は彼らに言う。「あなたが自分の故郷に負っているものすべてを忘れてはいけない。それはここではなく、よその場所である。この土地があなたの生まれた地だとは考えてはいけない。ここは語源的な意味では祖国ではない。というのも、この土地はあなたの祖先が生まれた場所ではないが、あなたがどこから来たかをあなたに忘れさせない場所であり、流浪の記憶のなかで、あなたが決して完全には理解も所有もできないと認めるほかの土地を愛するよう、あなたに教える場所なのである」

定住者の信条はシオニズムである。もう一つ、流浪の民の祈りのように、異質な存在にこの場所に暮らす権利を与えることを夢見るシオニズムも存在する。一つ目のシオニズムは、その強迫的憎悪の対象である人々には気の毒だが、ほかの民族主義と比べて「悪辣極まりない」というわけではない。二つ目のシオニズムはおそらくラビン首相とともに死んでしまった。あるいは、最初から存在する現実的な見込みなどないものだったのかもしれない。だが、このシオニズムやそれが抱く夢について考える時ほど、「死者の復活」という先祖伝来のユダヤ思想を信じたくなることはない。わたしは人間の生活や愛や思想にそれが戻ってくる可能性があることを願っている。そして自分が生きている間にそれに立ち会いたいと心から思っている。

ラビン首相の暗殺から二十五年が経ち、わたしは当時想像すらできなかった女性《ラ》ラビ《ビン》となった。フランス人だけにわかるこの言葉遊びに苦笑してしまうが、ほぼ同時に、人生の予測不能な筋書きには意外な出来事が待ち受けていることにも気づかされる。

二十五年経った今、わたしはフランスで成長した自分の子どもたちを見て、聞き覚えのある言語で息子が話すのを聞いている。その言葉は数多くの言語から積み重なった歴史を拝借し、それを自らの内部に抱えている。息子はイスラエルについて語り、いつかそこに行きたいと言い、わたしはそれを黙って聞いている。失われた愛の名残を息子が見つけ、ほぼ消えたと思われたものが違う場所で再生するという方法で、ほぼ死んだわたしの夢が息子のなかで生き残っている。そう考えると、思わず笑みが浮かんだ。死者をよみがえらせし主に幸いあれ。

エドガー

私はおじの番人でしょうか？

「……みなが穴を掘るとカインは言った。『これでよし！』そして一人、その暗い穴に下りていった。

カインが闇のなかで椅子に腰掛け、頭上の穴がふさがれた時、目はこの闇の墓のなかにいて、カインをじっと見つめていた」[19]

多くの小学生のように、まったく理解できない年齢で、わたしもこのヴィクトル・ユゴーの詩を暗唱した。本能的に、こわいと思ったものだった。墓地に行く時には今もこの詩が頭のなかで響いている。わたしは自分の前にこの詩をつぶやいた人々や、墓地に眠る人々のことを考える。そしてその人たちがカインのように暗い闇に下ってあの世で「見つめられ」る前に、地上に造って残していった街や城壁、塔や地下道、子どもたちや希望について想像をめぐらせる。

良心がどんなものなのか、特に、人間が、どのような状況でも、どこに行き、墓に入ろうとも見張られていると感じるほどの耐えがたい良心とはどういうものなのか、これほど力強く描いた詩はほかにない。目はどこまでも追ってきて、どこに逃げても休息を得られることはない。

小学校ではまだこの詩を教えているが、この詩の源泉となった聖書の詳しい話をわかって暗唱している人はめったにいない。『創世記』の最初の数行では、ユゴーの詩とは異なり、殺人を犯したカインを目が追うのではなく、声がその罪を告発している。

この兄弟殺しの話は聖書の最初の方で語られている。アダムとエバの子である、世界の最初の子どもたちの誕生と生涯の話である。

一人目の子を出産すると、エバは言った。「私は、主によってひとりの男子を得た[20]」そして、その子に「獲得」もしくは「所有」を意味する「カイン」と名をつけた。世界の最初の子どもは、生まれてすぐにその子を定義する名によって母親と神に「得られた」のである。すぐにカインは所有者の素質を伸ばし、農耕民、つまり種をまき、根づかせ、土壌に豊かな実りをもたらす人間となった。後年カインは大勢の子孫を残し、今度は彼らが多くの場所に根を張っていく。『創世記』では、カインの息子たちは都市の建設者や多才な都市生活者として描かれている。彼らは職人仕事や冶金業に熟練し、

19 『良心』ヴィクトル・ユゴーの詩
20 『創世記』4章1節

硬質材料つまり腐食せず耐久性のあるものすべてを扱った。そして都市を建設し、定住して物を手に入れ、のちの代に渡していった。カインの世界は隣で生まれた弟の世界とは対照的に、続いていくために作られていた。

長子の誕生の直後にエバはもう一人の息子を出産したが、その子をあまり大事に思わなかったように見える。エバはその子に、文字通りには「消えゆく息」もしくは単に「息」または「蒸気」を意味する「アベル〔ヘブライ語ではHavel《ハヴェル》〕」という名をつけたのだ。「はかないもの」を意味する名をもつアベルは、生まれた時から死ぬしかない運命にあったように思われる。さらに、アベルは小さな群れを率いる羊飼い、つまり遊牧民になった。どこにも定住せず、所有とも無縁だった。目的地もなければどこかに定着することもなく、歩いて数頭の羊を牧草地に連れていき、それから兄に殺されて、登場した時と同じようにあっと言う間にこの世の歴史から去っていった。

殺人の背景は聖書にはっきりと描かれている。カインとアベルは神にささげ物をしたが、神はアベルのささげ物には目を留めたのに、カインのささげ物には目を留めなかった。カインはこれを恨んだ。このようなことに我慢できるだろうか? なぜ弟だけが特別扱いされるのだろう? 妬みと恨みによってカインは殺人を犯してしまう。ヘブライ語では嫉妬はKina《キナ》というが、これはカイン(Kain《カイン》)の名が変化したものだ。物を手に入れるために生きる者だけが、相手を殺すほどの妬みを覚えるものなのかもしれない。

アベルは死に、跡形もなく消え失せた。その名の通りに蒸発したかのように思われたが、実際には死んで別の場所にいた。その声が、聖書の奥から読者に呼びかけてくる。

「アベルはどこにいるのか？」殺人がなされてすぐ、神はカインにきいた。

「知りません。私は自分の弟の番人なのでしょうか？」カインは良心を抑えつけ、責任逃れをしようと図々しく言った。

「あなたは、いったいなんということをしたのか」神は続けた。「あなたの弟の血の声が、その土地からわたしに叫んでいる」[21]この節でアベルの死は声という痕跡を残し、叫び声を上げている。墓から上がったその声は、神の耳に届く。ユダヤ教の注釈者たちも耳を傾け、聖書の記述を詳しく調べ、この声の真実を明らかにしようと努めた。というのも、その表現が奇妙なのだ。地の底から叫ぶ声はアベルの血だというが、この血が複数形になっているのである。それはなぜだろうか。アベルには血がいくつもあるのだろうか。

ラビの言い伝えでは、複数形なのは数世代にまたがるもののためだという解釈が示されている。賢者たちの解釈は、アベルを始祖として生まれるはずだったすべての世代が神に向かって墓から叫んで

21 『創世記』4章9—10節

いるというものだ。殺人者であるカインは単に一人の人間を殺したのではなく、生まれるはずだったすべての人間、アベルのあとに生まれたかもしれないすべての人間を殺したのである。アベルとともに複数のものが消滅した。つまり起こった可能性のあるすべての出来事が消えたのである。ユゴーの詩ではこの叫び声は墓のなかの目で表されている。聖書では、叫び声は土地から漏れ出してカインを追う。この声はカインの良心であり、死ですらも黙らせることはできない。その命を超えて、声はカインの子孫全員、つまりわたしたち一人一人に、過去に存在した人や物の息や、起こった可能性のあるすべての出来事、そして起こらなかったことでわたしたちのなかに跡を残したものに向き合うよう求めている。

したがって、『創世記』におけるカインとアベルの対立は、単なる二人の兄弟の対立ではない。彼らを通じて、続いていくものと消えゆくもの、永続が望まれるものとはかないことがわかっているもの、「存在するもの」と「存在したかもしれないもの」との対立がすべての世代で常に起こっている。

墓地を訪れるたびに、わたしたちは『創世記』のこの話に立ち返る。この話は、目を開き、耳を傾ける人に同じ問いを投げかける。「逝ってしまった人たちは、わたしたちの人生にどんな痕跡を残していったのだろうか」「わたしたちは、彼らがなしたこと、もしくは反対に彼らが実現できなかったことの何をこの身に負っているのだろうか？」「そして今度はわたしたちが、つかの間立ち寄っただけのこの世に、いったい何を残すことができるだろうか」カインの苦悩を知るために殺人を犯す必要はない。というのも、その苦悩とは手に入れたと思った物を手放すことへの恐れ、自分が消えゆくことを知っているゆえの不安だからである。

わたしをじっと見つめる目に出合ったのは、とても幼い時のことだった。どこに行っても、その目はまっすぐにわたしの目を見つめてきた。その目は祖父母のアパートの食堂の壁にかかった絵のなかにあり、いくら避けようとしても、いつもそこからこちらを見つめてきた。その絵は、当時幼い女の子だったわたしには巨大に思えるほどの大きい絵で、そこにはまっすぐに立った一人の男の人の姿が描かれていた。その人の名はエドガーといい、みんなから「エドガーおじさん」と呼ばれていた。

エドガーおじさんのことをわたしは何も知らなかった。知っていたのはただ自分の生まれるほんの少し前に亡くなったということだけだった。おじさんは医者で、絵のなかでも医者の着る白衣を身に着け、手には古い型の聴診器をもっていた。子どもだったわたしは、おじさんの名が聞こえるたびに好奇心を募らせていった。というのも、大人たちがおじさんを話題にする時は、いつも同じ話し方をしていたからだ。大人たちはみな、おじさんの独創性や少々反骨心の強いところに触れ、それからおじさんがすごいプレイボーイだったことをほのめかしていた。エドガーおじさんは、この絵を描いた画家や、この絵の資金を出した男か女の人のことも誘惑したのだろうか？　それとも、おじさん自身がこの絵を描かせたのだろうか？　こんなふうに実物よりも大きく描かれた姿を見たいと思うほど、自分の姿を愛していたのだろうか？　わたしにはそれはわからない。

少女だったわたしがこの絵を見てとりわけ仰天したのは、画家の使った技法だった。有名な『モナリザ』のように、絵を見る人が部屋のどこにいてもおじさんの目が追ってくるのだ。

部屋のどこに行っても、どんな隅っこに身を寄せても、そして何度やってみても、わたしがこの力強い目から逃れられることはなかった。長い間、わたしはこの祖父母の家の食堂にはもう一人では行かないと決めていた。わたしはユゴーの詩のカインのように、追ってくる目から逃れられる場所を探していた。だが、数年後、この絵はこの部屋の壁すら離れてわたしを追ってきた。祖父母が亡くなり、父がこの絵をうちの玄関に飾ることにしたのだ。それ以来、この絵を避けることはできなくなった。成長して両親の家を出るようになるまで、わたしは毎日エドガーおじさんの絵を見、毎日おじさんがわたしを見るのを見てきた。そのうちに、わたしはこわがらずにおじさんを見返すことができるようになり、ついにはおじさんの顔の隅々まで覚えてしまった。その絵に描かれたおじさんは四十歳くらい、つまり今のわたしと同じくらいの年齢だ。だが、おじさんの肌は驚くほど青白く、死人のような色だった。

最近読んだのだが、十九世紀には、愛する人の死後、その顔の写真を撮ったり型をとったりすることがかなり一般的におこなわれていたそうだ。最後の息を引き取るとすぐ、故人の写真を撮るためにカメラマンが呼ばれ、死によってこわばった表情の顔が保存された。カメラマンのなかには、遺体の撮影に演出を施す人さえいた。ソファに座らせたり衣装ダンスに寄りかからせたりすることもあれば、身内の男性に抱きかかえさせたり、さらには本を読む姿勢をとらせたりしたのだ。今日では、故人を悼むこのような演出は不謹慎だと思われている。今では亡くなったらもうその人の顔はまったく見ないかほとんど見ない。

ユダヤの慣習では、死後その人の顔を見ることは無条件に禁じられている。故人の顔は覆われていなければならない。こちらを見返すことのできない人を見るのはもってのほかなのだ。ほかの宗教の慣習では、故人の顔を最後に見るよう勧められる。だが、通常、永遠に残しておきたいのはこの顔ではない。それよりも、故人が生き生きとしていた時代に撮られた写真が重視される。

墓地に行くと、墓石に楕円形の小さな写真が埋め込まれていることがある。それに気づくと、わたしはよくこのことに思いをはせる。そして、ほかの写真ではなく、この写真が選ばれた理由はなんだろうと考える。

男性でも女性でも、誰かが高齢で亡くなった場合、この大理石にはめ込む写真に三十歳の時ではなく九十歳の時の写真を使うと決めるのは誰なのだろう。一枚の写真が、しかも一枚だけが、故人のある一時期の人生を永遠に凍りつかせて、その人の物語を語れるわけなどないというのに。

故人のことを語るには、壮年期の顔や、丸ぽちゃ顔の赤ん坊の時や青年期の写真を使わなければならないだろうか。自分の死後に生きつづける人たちに残すもののなかで、自分は永遠に何歳でありたいだろうか？

肌こそ青白く塗られていたものの、肖像画のエドガーおじさんは働き盛りで活気に満ちていた。

おじさんはそれからしっかり数十年生き、ある日、おじさんの、つまりわたしの家族の出身地であるアルザスの小さなユダヤ人墓地に埋葬された。

おじさんが亡くなってから生まれたわたしには、あの絵がおじさんの生きた時代とわたしたちの時代との懸け橋であり、消失した歴史の断片を物語るものだった。そのことを、子どもの頃から知っていたような気がする。まっすぐにわたしの目を見つめていたのは、その歴史なのだ。


アルザス゠ロレーヌ地方のユダヤ人の歴史は、簡単に語れるものではない。この地方で国境が何度も動かされたという歴史が、多様な要素からなるアイデンティティを物語っている。そのため、ここに暮らしていたユダヤ人たちは、定住していた時でさえ流浪の民のようになっていた。男も女も、この土地を一度も立ち退いたことがないにもかかわらず、自分が異邦人であるような気にさせられていた。アルザス゠ロレーヌ地方の文化は二つの世界に挟まれた世界の文化である。そして、この地方のユダヤ人の文化はさらにその隙間に存在し、二つの土地に挟まれた土地の文化の典型的な姿をしている。そこの人々は「ユダヤ人よりも耳に心地よく聞こえるから」という理由で、長い間「イスラエリット」と呼ばれ、いつしか農村に逃げ場を見つけ、街と街、言語と言語に挟まれたその場所に定住した。彼らはドイツ語、アルザス語、ユダヤ・アルザス語、そしてヘブライ語を自らのフランスとフランス語に対する情熱的な愛に混ぜ入れた。彼らは複数の文化の間で育ち、国境もアイデンティティも、人から聞くよりも流動的なものだと意識していた。彼らはそこに一つの世界、つまりフランス東部のユダヤ人の田舎の生活という世界を築いたが、その後、それはほぼ完全に消えてしまった。

世界を渡り歩く流浪の民というイメージは、ユダヤ人の歴史を通じてその皮膚に張りついてきた。

ユダヤ人のイメージと言えば、追放されるまで常に街から街へとさまよい、移動している姿だ。だが、忘れられているが、それとは違って定住した田舎者というユダヤ人も存在していたのである。

アルザス＝ロレーヌ地方のユダヤ人は、定住していたとはいえ、土地をもってはいなかった。土地の所有者になることは禁じられていたのである。それでも、彼らの住む村では、家畜商や教師、商人もしくは稀に医者など、慣例となっている様々な仕事に従事することが受け入れられていた。

彼らは通常、地元の農民たちと仲良く暮らしており、ある程度うまくいっていたこの近所付き合いのおかげで多くの痕跡が残された。それはシナゴーグや学校、墓地などによって示されている。そこには田舎に定着した実り豊かなユダヤ人の生活があり、イスラエリットの田舎の生活があった。

知られていないこのアイデンティティのおかげで、アルザス＝ロレーヌ地方では、カインとアベルの声は数世紀の間かなり穏やかに対話を続けてきた。土地所有者ではないユダヤ人たちは、アベルのように小型家畜を飼育していたが、農民たちと協力し合って働いていた。自分たちを殺そうとしないカインと友好な関係を築いていたのである。そのため、彼らは自分たちがこの地にしっかり定着していると信じていた。だが、ある日のこと、兄弟であるカインの息子たちによって再び狩り立てられ、聖書のアベルのように跡を残さず去って、心から愛したこの地から姿を消さなければならなくなった。戦争や集団移動、強制移住のあと、生き残った人々でここに再び住もうとした人はほんの少ししかいなかった。その子孫たちも戻ってはこなかった。

わたしも、ある事件のせいで本書執筆中にここに来ることがなかったら、おそらく二度と戻って来ることはなかっただろう。祖先の血の声が突然地の底から叫び、わたしを呼んだのである。

二〇一九年十二月三日、アルザスのウェストフェンにあるユダヤ人墓地が穢された。百基もの墓にスプレーでかぎ十字が書かれ、墓石がひっくり返されたのである。犯人たちは捕まらなかった。だが、同じ人々かその仲間によって、すでにこの地方のほかのユダヤ人墓地も被害にあっていた。

その日、わたしはその小さな墓地が、まぎれもない自分の家族の墓地であることを知った。父方の一族が数世代にわたってその村に暮らし、埋葬されてきたのである。わたしが今まで一度も足を踏み入れたことのないその墓地に「エドガーおじさん」は眠っていた。

何年もその目を逃れようとしてきたおじさんが、突如としてわたしの歴史に姿を現したのである。その墓所を見に行かなければならない、とわたしは即座に思った。倒されたおじさんの墓石がきちんと起こされているのか、無事なのかを確かめ、おじさんが墓のなかで目を閉じて安らかに眠れるようにしなければならない。

ウェストフェンに行く道を進みながら、わたしはルット・アリミというある女性のことを考えていた。以前からずっと、わたしの頭のなかでは彼女の名前が鳴り響いていた。彼女は威厳と途方もない勇気を備えた母親であり、その顔と、特にその言葉をよく覚えていた。二〇〇六年、彼女の息子イランが自称野蛮人《ギャング・デ・バルバール》団というギャング団に拉致され、反ユダヤ的動機から拷問されて殺された。事件のあとイランがパリ郊外に埋葬されると、ルットはエルサレムで埋葬するために、息子の遺体を掘り出す決心をした。それ以来、イランはエルサレムで眠っている。この決心について質問されると、彼女は自分の行為を理解できない人々に向かって、自分は息子の墓が穢されるのに耐えられないのだと答えた。死んだあとでもまだ誰かが息子に害を加える心配があり、イスラエルなら息子は二度と邪魔されずに眠ることができるからというのである。

話の続きを知れば、彼女が正しかったことがよくわかる。イラン・アリミにささげられた記念碑は、定期的とも言えるほどに何度も穢されてきた。そして彼をしのんで植えられた木は頻繁に地面から引き抜かれてきたのである。生きている間にユダヤ人に向けられるユダヤ憎悪は、死んでもなお向けられる。すべては、まるで何ものも、肉体の死ですらも、その憎悪を消すことはできないかのようにおこなわれるのだ。反ユダヤ主義者にも、地の底から響くわたしたちの兄弟の血の叫び声が聞こえているのだろうか。死者を攻撃すれば、その声を黙らせることができるとでも思い込んでいるのだろうか。

わたしは何時間もの間、ウェストフェンの通りを歩き回った。正直に言って、そこには何か懐かしく感じられるものがあった。それがなんなのか、はっきり言うことはできない。石の色やブドウ畑の香りかもしれない。歩いていると、路地の突き当たりに大きなシナゴーグがあった。がらんとしてベンチも祭具もなく、もちろん、信者たちもいなかった。だが、何もないこの場所から伝わってくるのは、虚無ではなくむしろ永遠に続く痕跡だった。

村の中心の小道のほとんどすべての家の戸口に、この痕跡が刻まれていた。側柱の石や木材に斜めに彫られたくぼみとして残っていた。もちろん、わたしには家の戸口のこのくぼみが何を物語っているのかちゃんとわかっている。かつてはそこに「メズーザー」が取り付けられていたのである。メズーザーとは、礼拝文を記した羊皮紙を納めた箱で、ユダヤ人はこれを住居の入り口に常に取り付けておく。したがって、この壁のくぼみが伝えているのは、ここにはかつてユダヤ人が住んでいたこと、そして彼らはもういないということだ。戸口のメズーザーのように、彼らはかつてここにしっかりと身を落ち着けていたが、ある日、消えてしまったのである。ここには、その跡は何も残っていない。ただ、それぞれの家に彫られたくぼみだけが残り、次第に消えゆくものが、消えることのない跡をどれほどしっかり残していくかを示している。

ユダヤ教の慣習では、ある場所に住むためには、そこに必ずメズーザーを取り付けなければならない。メズーザーは小さな箱で、人生における門と道の重要性に注意を促すものだ。だが、家にはもう一つ、原則的に必ず満たさなければならない基準がある。それは、エルサレム神殿の破壊以来、すべての住宅には一部何も建てられていない部分がなければならないというものだ。ユダヤ教の慣習では、壁に小さなひびが入っていたり、壁面に塗り残しがあったり、もしくは床の隅の小さなタイルが欠けていたりしたら、それをそのままにすることが常に求められている。これは、わたしたちの人生における不完全さの跡をそのまま残し、欠乏にも占める場所があるところに住むすべを身につけるということなのである。

もはや存在しないものが残した跡を知れば、その声が「もうここにいない人々のことを忘れるな」と言っているのが聞こえるはずだ。

わたしは村の中央の通りの突き当たりにある「イスラエリット」の墓地の門を押した。門扉の蝶番がさびていたようで、押すのにはとても強い力が必要だった。まるで、死者たちが自分の身をできる限り守るため、生きている者が近づくのを阻む方法を見つけてこうしているかのようだった。わたしは自分の祖先の墓を探しはじめたが、それを見つける前に、そこに素晴らしい仲間が眠っていることに気がついた。

アルザスのこのとても小さな村には、著名人の祖先が埋葬されている。現代小児科学の始祖ロベール・ドブレの祖先に、カール・マルクスの祖先、政治家のレオン・ブルムの祖先。そして元フランス・チーフ・ラビ、グッゲンハイム師の祖先や数学者のローラン・シュヴァルツの祖先、ジャーナリストのアンヌ・サンクレールの祖先もここに眠っている。

ウェストフェンのごく小さなイスラエリットの墓地が、フランスのユダヤ人の偉大な家系の墓所のちょっとした名士録のような役割を果たしている。すべてはまるで、このきわめて小さな村が、木々の種を受け入れてしばらくそれを育み、その木々がよそで大きく育って世界の土地や精神を豊かにし、共和国や科学や医学、そして共産主義や宗教思想に身を投じたかのようにして起こっていった。数キロメートル四方にわたって男や女の根が植えられ、彼らはよそに――時にははるか遠くまで――行って、それぞれのやり方で「同胞の守り手」になろうとしたのである。それぞれの道のりで、彼らは実際に、ウェストフェンの土地から何を運んでいったのだろうか？　自らの境涯の何をここに残していったのだろうか？

この墓地で感じたことを書こうとすると、「ソラスタルジア」という言葉が心に浮かぶ。この概念は二〇〇〇年代初頭にオーストラリアの哲学者が生み出したもので、自分は今も故郷の土地にいるのに、自分の慣れ親しんだ故郷はもう存在しないというある種のノスタルジーを表したものだ。かつてあった故郷は今はもう存在しない。だが、消えた世界の痕跡には、まるでその故郷が無傷ででもあるかのように、その思い出がしっかりと残されている。

そうしているうちに、とうとうエドガーおじさんの墓が見つかった。おじさんの墓石はおじさんの両親、つまりわたしの高祖父母の墓石のすぐ横にあった。公的礼拝には決められた人数が必要で、この人数をミニヤンと言う。墓石の前でわたしは自分の隣にいる、ここには姿のない故人の霊を数に入れ、心のなかでカッディーシュを唱えた。

人類の歴史の始まりに、一人の人間が自分の兄弟を殺害した。そしてその暴力は永遠にうなり声を上げ、止むことがない。この暴力はうねりとなって広がり、あらゆる時代で新たなカインを駆り立てて、同じこと、つまりアベル殺しを繰り返させている。持続するものは何もなく、わたしたちは欠乏に甘んじて獲得したものをすべて捨てなければならない。アベルを殺すことは、その真実を思い出させるすべてのものを消し去ることなのである。

聖書に描かれた一人の男性がこのことを誰よりもうまく述べている。エルサレムでイスラエル王国を治めたソロモン王である。ソロモン王は聖書のなかでも際立って所有欲の強い人間だった。生涯、富や黄金を求め、多くの妻をめとり、財産を蓄えた。エルサレムに神殿を建設し、そこに植物を植え、果物を収穫し、宝物を集めた。カインの子孫らしく、実体ある莫大な権力を享受した。

人生の終わりに、ソロモン王は『伝道者の書』を記した。そのなかで彼が繰り返した「空の空。すべては空!」という言葉は有名だ。この言葉が書かれた一節は聖書のなかでも最も有名なものの一つである。

だが、これは、大きく誤った翻訳がなされた一節でもある。

ヘブライ語では、ソロモン王はこう言っている。「Havel Havalim Hakol Havel《ハヴェル・ハヴァリム・ハコル・ハヴェル》」[22] イスラエル王であるソロモンは「空」、つまり空しさについて言っているのではなく、文字通り「すべてははかない」もしくはもっと単純に「すべてはアベルだ」と言っているのである。

このように、賢者や所有者、定住者、財産を手に入れて世界の安定を信じていた人々は言う。すべてははかない《アベル》ものだと知っていた、と。だが、堅固に築き上げられたものは最後には衰えたり消えたりするのに対し、壊れやすいもの、はかなくて弱いものは逆説的に世界に消えない跡を残す。過去に存在した人や物の息は消え失せはしない。それはわたしたちの人生のなかで息を吹きかけ、決して行くことがないと思っていた場所にまでわたしたちを連れていく。

22 『伝道者の書』1章2節

大勢のアベルの一人であるエドガーおじさんの墓に身をかがめ、わたしは目をつぶった。再び目を開くと、突然、この特異な歴史をもつ小さな村が、どんな場所にあるのかが見えてきた。墓の向こうの村の高台に、見渡す限りの森が広がっていた。その果樹を見ながら、わたしは村の入り口の標識に誇らしげに書かれていた言葉を思い出した。「ウェストフェン、アルザスサクランボの世界の中心地」

突然、わたしは明白な事実に気づき、同時に口のなかに甘い味が広がった。このサクランボの木のように、わたしはここに根を張っているのである。愚かさや嫉妬、もしくは不安がこの根を引き抜き、ここに根づいた跡を消し、生きている人だけでなく死者までも追い出そうとした。だが人間も、サクランボの木も、故郷から遠く離れた場所に再び根を下ろし、奇妙な記憶をもった実をつける。それはかつて彼らを守っていた地の記憶だ。

血が流れ出るように、こぼれ出るようについたその赤い実のなかで、祖先たちの血が叫んでいる。ウェストフェンのサクランボは、ウェストフェンの子どもたちと同じく、決して真の死を迎えることはない。もぎ取られて土から離れたあとも、その実は長持ちする。それには、ただ、ブランデー《オー・ド・ヴィ》に浸けるだけでよい。数世代にわたり、「LeH'ayim《レハイム》（命に／人生に乾杯！）」と人々に繰り返させてきたその命の水《オー・ド・ヴィ》に。

訳者あとがき

本書は、フランスで活動するユダヤ教の女性ラビ、デルフィーヌ・オルヴィルールのエッセイである。ラビとは「我が師」の意味で、ユダヤ教の教師やコミュニティの指導者を指す。通常思い浮かぶのは長いひげを生やしたかなり高齢の男性だろう。また、デボラ・フェルドマンの『アンオーソドックス』を読んだり、そのドラマを見たりして、そこに描かれた女性の自由や権利の制限されたユダヤ教超正統派の暮らしに強い印象を受けた方のなかには、女性がラビになれること自体に驚く方もいるかもしれない。だが、ユダヤ教は大きくは正統派・保守派・改革派に分かれ、超正統派は正統派のなかでも特に戒律を厳しく守る教派のため、『アンオーソドックス』の世界がすべてのユダヤ教に当てはまるわけではない。保守派・改革派には女性のラビもいる。それでも、正統派では女性はラビになれないし、シナゴーグ（ユダヤ教の会堂）のなかでも男女が分けられている。アイザック・バシェヴィス・シンガーの著書『愛のイエントル』では、十九世紀が舞台ということもあるが、トーラー（律法）を勉強するために主人公の女性イエントルは男装しなければならなかった。ル・パリジャン紙の記事によると、一九八三年にバーブラ・ストライサンドによって製作されたこの作品の映画を九歳の時に見て、デルフィーヌはびっくり仰天したという。そして「自分は学ぶにも、ラビになるのにも男装する必要のない世代だ」と言うが、それでも、フランスには女性がラビになるための教育を受けられる学校はなく、デルフィーヌはニューヨークで学ぶことになる。また、実際、フランスには女性ラビは三人しかいない。デルフィーヌも世間からかなりの抵抗を受け、女性である自分がラビであることがジョークのネタにされなくなるまでにはかなりの時間がかかったという。

彼女の経歴は型破りなものだ。一九七四年にフランス東部の都市ナンシーで生まれたデルフィーヌは、十七歳でイスラエルに行き、エルサレム・ヘブライ大学で医学を学ぶ。オスロ合意が締結された当時、積極的に政治活動をおこなうなかでジャーナリストを目指すようになり、デルフィーヌは医学の道を捨ててフランスに戻り、パリの高等教育機関CELSAでジャーナリズムを学ぶ。ジャーナリストとしてフランスのテレビチャンネルFrance 2に勤めるが、ラビになることを決意して退職する。それはちょうどFrance 2との正社員としての雇用の話が出た時期だという。こうしてニューヨークのヘブライ・ユニオン・カレッジのラビ養成講座で学び、現在、フランスのリベラルなユダヤ教宗教団体MJLF（Mouvement juif libéral de France）のラビとして活動している。

三つの国で暮らしたことはデルフィーヌの考え方に大きな影響を与えたという。特にそこで得たのは「違う言語を話す者同士が話す場合、同じ言葉を使っていても、そこで意味していることは完全には同じではない。おたがいに相手の言っていることを完全に理解できてはいない。それを理解することが重要だ」という認識だ。そして他人が危機や困難な状況にある時に、その話を聞いて寄り添うためには、相手に共感するだけでなく、相手の言っていることを完全には理解できていないことを理解することが必要だと説く。デルフィーヌは常にそのようにして、人々の声に耳を傾け、寄り添っていく。

本書の十一の章のほとんどに、人名のタイトルがつけられている。死の天使アズラエルと聖書の偉人モーセを除くと、みな私たちと同じ今の世界に生きる人々で、著者が実際に死を見送ったり、その遺族に寄り添ったりした人々である。そこには著者の友人のアリアーヌ、弟を亡くした少年、ホロコーストを生き延びた女性サラのほか、シャルリ＝エブド襲撃事件で命を失った精神科医エルザ・カヤット、フランス人から最も敬愛される政治家シモーヌ・ヴェイユなどもいる。生前の彼らとの交流やラビとして彼らに寄り添った時の思いを綴りながら、デルフィーヌは聖書やタルムード（ユダヤ教の口伝律法と注解を集めたもの）の逸話を織り交ぜ、自身の少女時代の経験やホロコーストの犠牲者を家族にもつことの意味などを語り、死や慰め、生きることについて考察する。私たちは本書を読みながら、登場人物の死や遺族の悲しみに胸を打たれる一方、厳格だと思っていたユダヤ教が実は非常に寛容で、人間の厚かましさを許容し、ユーモアに満ちた側面をもつということを知る。そして女性の権利やフランスの宗教的中立《ライシテ》など、様々なことに関するデルフィーヌの意見に耳を傾け、考えることができる。

本書のなかで印象的な箇所の一つに、エルザ・カヤットの姉が墓地で参列者に「デルフィーヌは宗教的に中立な立場のラビ」だと言って紹介する場面がある。ユダヤ教の導き手であり、伝統を教えるラビが「宗教的に中立」でありうるはずがない。デルフィーヌもこの言葉に困惑し、一瞬どうしたらよいかわからなくなる。だが、エルザの姉がこの言葉で何を伝えようとしたのか、デルフィーヌには十分理解できた。「宗教的に中立」なラビであるということは、この世には自分の宗教だけでなく、他の宗教を信じる人や無神論者にも自由に呼吸する場所があることを喜ぶことだ。その意味でデルフィーヌは自分が「宗教的に中立」なラビであることを実感し、この言葉をくれたエルザの姉に深く感謝する。

聖書の言葉については日本聖書刊行会の『聖書』新改訳一九七〇年版を引用もしくは参考にした。ただし、本書には、既出の聖書の日本語訳や一般的に考えられている内容と異なる記述もある。聖書になじんだ方には違和感を覚える箇所があるかもしれないが、全体を読めば納得していただけるはずなので、ご寛恕いただければ幸いである。

社会言語学者で翻訳家の鴨志田聡子さんには、ご多忙ななか、ヘブライ語・イディッシュ語の発音や意味をお教えいただき、貴重な助言もいただいた。本書翻訳の機会を与えてくださった早川書房の山本純也氏には、多くの助言と励ましをいただき、多岐にわたりお世話になった。校閲の衣笠辰実氏には的確なご指摘をいただいた。みなさまに心からの謝意をお伝えしたい。

二〇二二年九月

死者《ししゃ》と生《い》きる

2022年10月10日　初版印刷
2022年10月15日　初版発行

*

著　者　デルフィーヌ・オルヴィルール
訳　者　臼井《うすい》美子《よしこ》
発行者　早　川　　浩

*

印刷所　株式会社亨有堂印刷所
製本所　大口製本印刷株式会社

*

発行所　株式会社　早川書房
東京都千代田区神田多町2－2
電話　03-3252-3111
振替　00160-3-47799
https://www.hayakawa-online.co.jp
定価はカバーに表示してあります
ISBN978-4-15-210175-4　C0014
Printed and bound in Japan
乱丁・落丁本は小社制作部宛お送り下さい。
送料小社負担にてお取りかえいたします。

ハヤカワ・ノンフィクション

パリジェンヌのつくりかた

How to Be Parisian Wherever You Are

カロリーヌ・ド・メグレ、ソフィ・マス他
古谷ゆう子訳
46判仮フランス装

カラー写真満載、
パリ好きのための新バイブル

ナチュラルで自由気まま、誰にも媚びないけれど愛され上手。世界のあこがれ、パリジェンヌの掟とは？　必須のファッションアイテムは？　結婚や子育てのこだわりは？　必読本やオススメの店は？　パリ育ちの女性四人が明かすパリジェンヌの素顔に誰もが恋する！

ハヤカワ・ノンフィクション

アンダーランド

——記憶、隠喩、禁忌の地下空間——

UNDERLAND

ロバート・マクファーレン

岩崎晋也訳

46判上製

地下。この、魅力的で恐ろしい空間。

恐ろしくも美しい洞窟、地下のダークマター観測所、大戦の傷が残る東欧の山地、グリーンランドの氷穴、北欧の核廃棄物の墓——英国の優れたネイチャーライターが様々な土地の地下と、そこに関わる人々の思いをたどる。数々の賞を受賞したアウトドア文学の傑作。

ハヤカワ・ノンフィクション

アウシュヴィッツで君を想う

EINDSTATION AUSCHWITZ

エディ・デ・ウィンド

塩﨑香織訳

46判上製

絶望の淵で、人は誰かを愛せるか？

妻とともにアウシュヴィッツ強制収容所に送られたオランダ人医師。看守に怯えながらも、別棟の妻に会う機会を探ろうとするが……。鞭での拷問、そしてガス室。収容所内での残酷な日常を目の当たりにしつつも、妻とともに脱出できる日を夢見て生きた実際の記録。